Dados Internacionais de Catalogação na Publicação (CIP)
(Câmara Brasileira do Livro, SP, Brasil)

Barros, Geraldo de Paula
Reencarnação : realidade ou fantasia? / Geraldo de Paula Barros. – São Paulo : Meca, 1999.

Bibliografia.

1. Hipnotismo 2. Reencarnação 3. Reencarnação – Estudo de casos 4. Regressão (Psicologia) I. Título.

99–3902 CDD–616.8914

Índices para catálogo sistemático:
1. Regressão : Prática psicoterapêutica 616.8914

editora meca ltda.
Rua Araújo, 81
01220-020 – São Paulo – SP
Fones: (011) 259-9034 – 259-9049
Fax: (011) 257-0312

REENCARNAÇÃO:

REALIDADE
OU
FANTASIA?

Direção Editorial:
Cosmo Juvela

Diagramação:
Roberto

Capa:
Claudia Franco Perizoto

Revisão:
Ana Carolina Rodrigues

Geraldo de Paula Barros

REENCARNAÇÃO:

REALIDADE OU FANTASIA?

1ª Edição

Meca

São Paulo, 1999

DEDICATÓRIA

Ofereço este livro à memória dos meus
queridos pais, Maria Carolina e Raimundo,
os quais foram os instrumentos nas Mãos do CRIADOR,
para que ESTE me desse o maravilhoso Prêmio da VIDA.

UMA ESTORINHA

NUM PEQUENO VILAREJO EUROPEU, EXISTIA um homem que era admirado e invejado, por ser a única pessoa da localidade que possuia um cavalo.

Um dia, o cavalo fugiu para os campos. Os vizinhos compareceram em massa à casa do referido sr. e disseram:

— Que coisa horrível, que catástrofe, o sr. não possui mais cavalo!

O homem, sorrindo, apenas respondeu:

— Talvez.

Três dias depois, o cavalo reapareceu, trazendo consigo mais dois cavalos selvagens.

Os vizinhos, admirados, compareceram novamente à casa do homem e falaram:

— Como o sr. é feliz, que coisa maravilhosa! O sr. agora possui três cavalos!

O homem, novamente sorrindo, respondeu:

— Talvez.

Três dias depois, o filho do homem, tentando amansar um dos cavalos selvagens, caiu, e quebrou a perna.

Mais uma vez, os vizinhos compareceram à casa do homem e disserem:

— Que azar, que desgraça, que coisa terrível!

Ainda outra vez, o homem respondeu:

— Talvez.

Três dias depois estourou uma guerra e toda a rapaziada do lugarejo foi convocada, para, possivelmente, morrer na guerra.

O filho do nosso herói foi poupado pelo fato de estar com a perna quebrada.

Outra vez mais os vizinhos foram à casa do homem e disseram:

— Que sorte incrível, que enorme felicidade!

Pela última vez, o homem, sorrindo, disse:

— Talvez...

PREFÁCIO

SINTO UMA RESPONSABILIDADE IMENSA AO iniciar este livro. Ele trata de um assunto extremamente polêmico, que, de acordo com o ponto de vista de quem o considera, pode despertar reações de profunda admiração, de surpresa, de descaso, de descrença, de simpatia, de que quem o pratica é um impostor, um embrulhão, um aproveitador que quer faturar em cima da crendice popular, um inocente trapalhão, "um louco manso", tudo isto e muito mais...

Como já disse num outro livro que escrevi, a *Auto-Hipnose*, desde criança eu queria ser médico psiquiatra. Filho de farmacêutico prático, trabalhando em farmácia, desde os dez anos de idade, aprendi a ter contato com as doenças e compaixão pelos doentes.

Este livro, embora tenha o *título Reencarnação: Realidade ou Fantasia*, não foi escrito para ensinar ninguém a fazer regressão, mas sim para mostrar que a regressão é fato verídico, importantíssimo e que os seus princípios, a sua base científica, estão apoiados na mais moderna física, na física de ponta, em pesquisas laboratoriais supercontroladas, na "quarta força" da psicologia, a PSICOLOGIA TRANSPESSOAL, desenvolvida por cientistas de grande inteligência e não preconceituosos.

Tomei contato com a HIPNOSE desde o primeiro ano da Faculdade de Medicina.

Já sabendo que ia ser psiquiatra, li, praticamente, todos os livros dos dezoito volumes das obras completas de Sigmund Freud. E, como se sabe, a PSICANÁLISE nasceu da HIPNOSE.

Quem leu o primeiro volume das obras completas de Freud, denominado "A HISTERIA", sabe que ele e BREUER, outro psiquiatra, fizeram, através da hipnose, com que uma mocinha, a quem deram o nome de Ana, se libertasse de séria neurose, utilizando-se da regressão hipnótica. Depois, por notarem que nem todos os pacientes eram factíveis de serem hipnotizados, profundamente, atingindo a fase de SONAMBULISMO em que há inconsciência, — Estatisticamente, pelos métodos antigos, apenas 20% dos pacientes podiam ser levados a este grau de profundidade —, devido também ao fato de Freud desconhecer que é muito melhor, que, sob regressão, o paciente não perca a consciência para fazer uma imediata correlação entre os traumas do passado e os sintomas atuais, partiu para outros caminhos, criando a Psicanálise, o que foi descrito, pormenorizadamente, no meu livro *Auto-Hipnose.*

Para se praticar, com toda a segurança, a regressão, a vivências (vidas) passadas, é preciso que o profissional seja um terapeuta bem preparado, que conheça a patologia das doenças, não somente as doenças psiquiátricas, ou seja acessorado por um médico.

Os psicólogos responsáveis, que fazem regressão de acordo com a patologia a ser tratada, querem, antes, ouvir a opinião de um médico. Muitas vezes, em determinados casos, há interferência ou concomitância de doenças físicas.

Acredito, também, que para ser um bom terapeuta em regressão, o praticante deve conhecer várias outras técnicas, tais como: Neurolingüística, Bioenergética, Gestalt-terapia e, principalmente, noções de Psicopatologia de modo geral. Às vezes, torna-se necessária a colaboração de um Neurologista para diagnósticos diferenciais.

Para ser um bom terapeuta nas técnicas de regressão, (veja Stanislav Grof) tornam-se também necessárias noções de Psicologia Junguiana, incluindo as MITOLOGIAS, FÁBULAS, SINCRONICIDADES, ARQUÉTIPOS, etc. Também é muito útil o conhecimento de RELIGIÕES COMPARADAS, principalmente as orientais e as ocidentais místicas.

Uma outra razão importante para que eu escrevesse este livro, foi para apresentar um aparelho de minha invenção, O DESESTABILIZADOR ESPAÇO-TEMPORAL E SONORO, que, como temos demonstrado em conferências diversas, leva os pacientes, em poucos segundos ou minutos, a REGRESSÕES adequadas para os tratamentos.

Uma coisa é colocar a pessoa em regressão (o que o aparelho faz rapidamente). Outra é saber o que fazer quando a pessoa já está regredida.

O aparelho em si, os princípios físicos, fisiológicos e psicológicos que regem o seu funcionamento, serão descritos no corpo do livro.

Quando me formei em Medicina, aos vinte e três anos de idade, embora tenha passado com nota dez em várias matérias, senti-me decepcionado. Não a decepção de quem não está prático e não sabe bem o que fazer, ou se sente inseguro.

Não tive este tipo de medo ou insegurança, porque trabalhei em hospital psiquiátrico desde o primeiro ano da faculdade. Arranjei para trabalhar no antigo Hospital Raul Soares.

Trabalhei no laboratório que fazia os exames dos pacientes portadores de doenças mentais, internados no referido hospital, (urina, fezes, sangue, líquor, etc.)

Naturalmente, o principiante começa observando, estudando, às vezes sendo faxineiro, depois, aos poucos, fazendo os exames mais simples, como o de urina e assim por diante.

Mas como o meu interesse era enorme e eu era um rapaz muito esperto, rapidamente, fui tomando contato com os doentes. Estudando sempre e, embora não atuasse na prática, no quarto ano eu já dominava completamente as técnicas terapêuticas usadas pela psiquiatria da época. Naquele tempo, o curso de psiquiatria era ministrado durante seis meses, no sexto e último ano da faculdade. Houve muitas discussões entre mim e os professores de Psiquiatria de então. Como eu tinha mania por leitura de livros de Psicologia, Psiquiatria e Ciências afins, e a Psiquiatria ministrada era a mais tradicional, as discussões eram freqüentes. Eu não me conformava e criticava, às vezes, duramente o modo de proceder, referente ao conteúdo da matéria dada pelos professores. Mas, mesmo assim, como as minhas críticas eram construtivas e bem fundamentadas, era amigo dos professores e, no exame oral, fui homenageado com uma salva de palmas dos colegas que o assistiram. Naturalmente, tirei nota dez com a maior facilidade.

Ao mencionar o que acabo de escrever, não é para me engrandecer por orgulho ou falta de modéstia. Apenas para deixar claro que não sou um charlatão na matéria e o que eu faço com o aparelho que leva às vivências passadas, é com a máxima seriedade, confiança e conhecimento.

Estava dizendo, antes, que me decepcionei ao me formar. Era uma decepção profunda, por perceber que o ensino médico deixava muito a desejar (como ainda acontece hoje). Ou seja, a parte mais íntima, a parte mais verdadeira, a parte Espiritual do ser humano é totalmente ignorada. A formação médica é, como já disse num outro livro, completamente materialista. Na grande maioria das Faculdades de Medicina e de Psicologia não se ensina Hipnose, Neurolingüística e Bioenergética. Os profissionais, médicos e psicólogos, não sabem o que estão perdendo!

Existe um preconceito exacerbado na maioria das faculdades. O grande problema é que os professores sendo ignorantes nessas matérias, passam a ignorância para os alunos e estes, achando que os professores são "O máximo" (como eu também pensei um dia), continuam pelo mesmo caminho e o ensino fica sempre deficitário.

Escrevi uma tese sobre "A IMPOTÊNCIA PSÍQUICA E O SEU TRATAMENTO BASEADO NA HIPNOSE", estudada em dezoito casos curados pela hipnose. A banca examinadora desconsiderou a tese, dizendo-se "incompetente" para julgá-la. Faltavam-lhes conhecimento prático e bibliográfico. Como eu era um "rato" de livrarias e de sebos, a bibliografia da minha tese já contava com mais de dez livros especializados em hipnose.

Contudo, aos vinte e cinco anos, eu já era professor assistente da cadeira de Psiquiatria da Universidade Federal de Minas Gerais e pude, sob o consentimento do professor, introduzir o ensino da hipnose, o que durou pouco tempo (dois anos). Eu tinha uma clientela bem grande, tida como a segunda maior de Belo Horizonte, e queria seguir a carreira universitária. Surgiu, então, uma lei de exclusividade de ensino. Ou tinha-se clínica particular ou tornava-se professor. Optei pela sobrevivência e, por outros motivos, mudei-me para São Paulo.

PRÓLOGO

O MEU PAI MORREU QUANDO EU tinha dois anos e meio de idade. Eu era o caçula e sobrevivíamos com os proventos fornecidos por uma pequena farmácia que tinha mais dívidas do que tudo.

Dizia para a minha mãe: "Quero ser médico".

A resposta que eu recebia era um tanto desanimadora:

"Meu filho, você não tem pai, o curso de Medicina é custoso, os livros são caros, o melhor é trabalhar na farmácia."

Mas como "quem quer, pode", aos dezessete anos já estava na faculdade. Fiz o terceiro ano científico, juntamente com o "Cursinho preparatório para o vestibular de Medicina da Santa Casa de Misericórdia" de Belo Horizonte.

Como eu era muito bom em química, dava aulas particulares. O interessante é que eu tinha uma facilidade tal para o aprendizado da química, que muitas vezes, o nosso professor Lacombe acabava de enunciar um problema de química, eu nem copiava o problema.

Intuitivamente, já ia fazendo as equações químicas, tirando os pesos moleculares, fazendo as contas necessárias... e, muitas vezes, quando o professor acabava de ditar o problema, eu já dava a resposta. Isto fez com que eu passasse a ensinar química aos colegas e a outros alunos.

Quase sempre o professor me chamava, o número 25, para corrigir provas no quadro negro.

Eu tinha também grande facilidade na aprendizagem da física, com o nosso professor Mário de Oliveira. E, desde o curso ginasial, a biologia era a minha matéria preferida.

Na época, em Belo Horizonte, havia duas Faculdades de Medicina: A Federal, gratuita, e a outra paga. Matriculei-me no vestibular apenas da Federal (UFMG) e passei, logo de cara, no vigésimo sétimo lugar.

Já no primeiro ano, embora fizesse o CPOR, abri um curso vestibular de Medicina e ministrava aulas de Física, Química e Biologia. Depois admiti um colega, o Évelin, para ministrar Biologia. Conseguimos passar 95% dos nossos alunos.

Estou contando estes fatos, apenas para mostrar que sempre tive os pés no chão (e talvez, a cabeça nas estrelas!).

O meu amor pela Medicina era de tal forma intenso, que, às vezes eu saía andando, a esmo, meditando, refletindo, sem destino... Quando dava por mim, estava diante da velha, querida e tradicional Faculdade de Medicina da UFMG.

Era um prédio antigo, feio, mas eu o considerava um Templo Sagrado. Ficava horas admirando o prédio como quem admira e adora a mulher amada.

Quando assistia às aulas de química biológica com o Prof. Baeta Viana, eu me punha em tal estado de concentração, que não tomando anotações, chegando em casa, eu era capaz de reconstruir a aula inteira, inclusive com as fórmulas da química orgânica que enchiam quase todo o quadro negro.

Conto isto porque, certa feita, numa dessas aulas de química, veio-me à cabeça, como se alguém falasse ao meu íntimo: " TEORIA TETRACIONAL DA AMBIVALÊNCIA". Durante mais de trinta anos, eu fiquei com esta idéia de Teoria Tetracional da Ambivalência na cabeça, sem ter a mínima noção do que se tratava.

Quando em São Paulo, ao estudar a DIANÉTICA, teoria formulada por um físico da NASA, que promove regressões incríveis sem Hipnose, eu pude perceber: mais ou menos na época em que o dito físico, Ron Habbard, nos EUA, desenvolvia a teoria e prática do método assinalado, em Belo Horizonte, durante a referida aula de química, eu captava, em palavras, a estrutura essencial da teoria. (Não é de se admirar que, muitas vezes, um cientista desenvolve uma teoria ou experiência, numa parte do mundo e outro cientista, simultaneamente, desenvolve uma teoria similar noutra parte do mundo. Lembrem-se do Inconsciente Coletivo do Jung).

Ao formar-me em Medicina, decidi conhecer, pessoalmente, os mais famosos psiquiatras do mundo. Foi assim que estive três vezes na Europa e estive com Jung, em Zurique; com Moreno, o criador do Psicodrama; com Mira Y Lopes (Espanha); com Henri Ey (França) e com vários outros autores de tratados de psiquiatria. Os americanos, eu os conheci nos congressos internacionais de Psiquiatria, Hipnose, Sofrologia, Psicanálise, etc.

Na época, em Belo Horizonte, havia três psicanalistas, um deles era eu. Trabalhava das oito horas da manhã até as vinte e duas horas.

Mantive, também em Belo Horizonte, um pequeno hospital, com dez leitos, mas onde eu tinha oportunidade de realizar todos os tratamentos como em um grande hospital.

Também costumava internar doentes nos três maiores hospitais psiquiátricos de Belo Horizonte, se o caso exigisse internação.

Nos cursos de Hipnose que eu dava, na qualidade de Presidente da Associação Mineira de Hipnose Médica e Odontológica, eu versava sobre todas as teorias vingentes.

Embora os psicanalistas não se dessem bem com os reflexologistas (a reflexologia, como eu desenvolvo num outro livro, foi criada na Rússia por Ivan Petrovich Pavlov). Eu freqüentava ambos os congressos. Nos congressos de reflexologia, eu era reflexologista e raciocinava como um reflexologista.

Nos congressos de psicanálise, eu era psicanalista e raciocinava como um psicanalista.

Acredito que esta posição abriu a minha maneira de pensar e deu-me a consciência de que cada escola psicológica não era a verdadeira, mas apenas um modelo, um conjunto de critérios que se ajustavam e formavam um corpo organizado. Foi assim que percebi que "a verdade é como a água, adapta-se à forma do vaso que a contém." (provérbio indiano)

O mesmo aconteceu com a Análise Transacional, a Neurolingüística, a Gestalt-Terapia, a Hipnose e a Regressão a Vivências passadas.

Isto foi ótimo porque me deu muita flexibilidade, muito jogo de cintura e quebrou completamente todo e qualquer preconceito.

Freqüentei Espiritismo, Umbanda, Escolas Ocultistas, algumas das quais, tão pouco conhecidas que, na época, no Brasil inteiro, só havia sessenta adeptos.

Tendo formação católica, resolvi abandonar a religião e não me ligar a nenhuma outra, para não ser influenciado por dogmas, preconceitos, ou pensamentos limitadores.

Se me perguntarem se eu acredito em Deus, eu responderei que só acredito em Deus. "O UNIVERSO É O CORPO DE DEUS."

O leitor não pode nem imaginar o quanto é gratificante ver Deus em tudo.

Amar profundamente não somente as pessoas, mas os vegetais, os animais, os minerais, TUDO.

Quando eu desenvolver as teorias que me proponho, ao longo deste livro, o leitor verá que, não de uma maneira simplória, mas de uma maneira que se apóia nas mais recentes pesquisas da ciência física, tudo está em tudo.

O UM contém o TODO e o TODO contém o UM.

Todo o UNIVERSO é um organismo maravilhoso, onde tudo se intercomunica. Nem é preciso de comunicação (como veremos nas discussões entre Einstein e Nills Bohr, físicos ganhadores do Prêmio Nobel).

Infelizmente, o raciocínio oficial da maioria das faculdades ainda é Newtoniano, não Einsteniano ou pós-Einsteniano.

Acredito que no fim será como no princípio:

As religiões se abraçando.

As diferentes teorias da física se unificando (como queria Einstein).

As diferentes escolas psicológicas se harmonizando e se complementando (como quer Ken Wilber).

Enfim, esta compartimentalização entre a filosofia, as religiões, as teorias da física e das escolas psicológicas, não é a verdade.

A VERDADE é UNA.

Falta à humanidade atual o sentido de síntese, de amor à natureza, de consciência ecológica.

Falta aos médicos a compreensão de, como o nome indica, o organismo é um TODO, cada parte influi em cada parte. E o organismo faz parte da NATUREZA e destruindo a NATUREZA, estaremos destruindo a nós mesmos.

Leia o livro e faça bom proveito.

Conte comigo que eu conto com você.

ÍNDICE

INTRODUÇÃO

ESTE LIVRO, EMBORA TRATE DE assuntos extremamente sérios, tais como o tempo, o espaço, a energia, a matéria, a existência ou não da sobrevivência além-túmulo, das teorias mais avançadas da física moderna, do estado atual das psicologias mais recentes, foi escrito em linguagem coloquial, cotidiana e simples.

Preferi descomplicar a complicar. Comuniquei com o cérebro, mas, principalmente, com o coração.

Num certo sentido, o livro é um pouco autobiográfico. Mostra o caminho de um médico psiquiatra, que tendo se formado numa Faculdade de Medicina, como todas as Faculdades de Medicina, com rígidos princípios materialistas, foi, aos poucos, descobrindo um novo mundo.

Fui visualizando a saúde, as doenças mentais, o posicionamento humano perante a vida e o universo, de uma maneira não oficialmente estandartizada. As experiências que vivi, como psiquiatra, e que pretendo compartilhar com o leitor, apontam para um caminho não muito usual, um caminho multidisciplinar.

Queira ou não queira. Goste ou não goste. Um enigma está sempre presente. Mas na maioria das vezes é, simplesmente, jogado para debaixo do tapete.

Um enigma que está presente, na maior parte da humanidade como um todo, e em cada ser humano em particular:

Sobreviveremos à morte física?

Existe reencarnação?

Deus existe?

Quem sou eu? De onde venho?

Para onde estou indo?

As centenas de religiões existentes podem realmente, dar alento, total segurança ou credibilidade ao ser humano?

E a Ciência? É realmente o sustentáculo absoluto para as nossas dúvidas, nossos anseios mais profundos, nossas esperanças que dormitam nos recônditos mais intangíveis do ser humano?

Os milhares de nomes de Deus, espalhados pela história e pela geografia, nos seis mil idiomas existentes atualmente no mundo, fazem jus, realmente, ao significado que se lhes atribuem?

A evolução humana está completa ou em andamento?

Posso confiar, realmente, em algumas das escolas psicológicas existentes atualmente?

Quando o leitor chegar à última palavra do último capítulo deste trabalho, possivelmente terá uma idéia formada por si mesmo.

Prometo levar você, passo a passo, pelo mesmo caminho que eu segui.

Um caminho palmilhado de dúvidas, esperanças, desilusões, confiança e, finalmente, segurança.

Capítulo 1

CASOS INTRIGANTES

"Os casos de transmissão de Pensamento aparente, de antevisão de acontecimentos futuros, em sonhos, e o que está acontecendo a amigos ou parentes ausentes, sem o uso de meios normais de comunicação, têm sido narrados tanto nos tempos antigos como no moderno entre povos primitivos e civilizados. A literatura clássica e a hebraica contêm muitos casos dessa natureza."

S. G. Soal e F. Bateman, *Telepatia, Experiências modernas.*

EU ERA RECÉM-FORMADO EM Medicina. Dormíamos três rapazes em um quarto e havíamos combinado que o último a chegar não acenderia a luz para não incomodar os outros.

Como sempre, eu era o último a chegar e já estava acostumado a tirar a roupa, vestir o pijama no escuro e dirigir-me para a cama.

Certo dia, depois de me preparar para dormir, a meio caminho entre o guarda-roupa e a cama, tive uma grande compulsão para acender a luz.

Vacilei. Tentei lutar contra a compulsão, mas a mesma era imperiosa e tive que acender a luz.

Ao fazê-lo e ao olhar, instintivamente, para a minha cama, deparei com um enorme escorpião em cima do meu travesseiro!

Noutra ocasião, morando em São Paulo, tinha o costume de fazer todas as noites o Treinamento Autógeno de Shultz, aprimorado com técnicas de Haja Yoga (YOGA DA MENTE) adaptada por mim e que ensinava aos meus alunos e clientes. Na época, tinha uma irmã que morava em Belo Horizonte, que havia fraturado o colo do fêmur e estava acamada fazia dois anos, sem conseguir levantar-se, embora estivesse sob os cuidados de médicos e fisioterapeutas.

Quando eu atingi o ponto culminante do treinamento que estava fazendo, em São Paulo, imaginei a figura da minha irmã e lhe sugeri que iria ajudá-la e que ela podia andar confiantemente. Dormi logo após a realização do exercício.

No dia seguinte, viajei para Belo Horizonte. Qual não foi a minha surpresa, ao chegar à casa da referida irmã e encontrar os parentes estupefatos, dizendo que ela, sonhando que eu a estava amparando, levantou-se, saiu da cama, atravessou a sala e um corredor, ainda dormindo. Ao chegar na cozinha, acordou e se deu conta, assustada por estar só, de pé, no meio da cozinha. Deu um grito chamando pelo meu nome que, de tão alto, acordou todas as pessoas da casa! Perguntei a que horas se deu o fato e disseram que foi lá pela uma da madrugada. Mais ou menos às dez para a uma, eu acabara de fazer o exercício e havia dormido...

Outro fato envolvendo um sonho premonitório ocorreu comigo. Foi o seguinte:

Sonhei que dois aviões russos haviam aterrizado num aeroporto brasileiro, por falta de combustível. No sonho, os aviões estavam carregados de armamentos.

Na realidade, cerca de quinze dias depois do meu sonho, dois aviões russos aterrizaram num aeroporto brasileiro por falta de combustível. A tripulação russa afirmava que o carregamento do avião era de medicamentos que seriam distribuídos a um país da América Latina. As autoridades brasileiras não deram permissão para que o avião levantasse vôo, sem verificarem a autenticidade alegada com respeito à carga.

Diante do impasse, os russos não tiveram outra saída, senão mostrar a carga do avião, que ao invés de medicamentos, era de armamentos!

Certa vez, fui procurado por uma senhora que, aos prantos, me relatou estar bem deprimida, ansiosa, amedrontada, devido ao fato de apresentar um certo dom de prever a morte de determinadas pessoas, que na época da previsão, nem estavam doentes.

Ao olhar, distraidamente para o teto, ela visualizava determinada pessoa e, mais ou menos, três dias depois, a pessoa falecia!

Os familiares da aludida senhora temiam-na e evitavam a sua presença.

Além de utilizar-me de técnicas habituais, utilizei-me também da hipnose. Expliquei à infeliz mulher que conheci algumas pessoas com problemas semelhantes.

Aconselhei-a a ler o livro intitulado *O Dom da Profecia*, da americana sra. Dixon, que, inclusive, havia feito a previsão do assassinato do Presidente Kennedy.

Segundo o livro, a sra. Dixon tentou fazer de tudo para evitar a ida do presidente à cidade de Dallas, onde ele foi assassinado! Segundo consta, a sra. Dixon chegou a prever aproximadamente cem mortes.

A referida paciente, mediante técnicas de hipnose e neurolingüística, acabou ficando livre das inconvenientes premonições que a deixavam atordoada.

Há mais de vinte anos atrás, um técnico de eletrônica meu amigo, o sr. Ladislau, construiu a meu pedido, um aparelho Kirlian, aperfeiçoado, que como os especialistas sabem, é manufaturado utilizando-se da Bobina Tesla. Só que o meu aparelho era bem grande e tinha uma saída de 100.000 volts.

Quando ligado, o campo eletromagnético era tão intenso, que qualquer lâmpada fluorescente que estivesse nas proximidades, acendia, independentemente de qualquer ligação elétrica. Tal aparelho vem sendo usado para fotografar a "AURA" humana.

Para a inauguração do aparelho, convidei muitos pesquisadores do campo da Parapsicologia em São Paulo: entre os convidados, estava o falecido dr. Alberto Lyra, médico psiquiatra, autor de vários livros sobre Parapsicologia e co-autor de um excelente livro sobre regressão a vidas passadas, de cuja autoria também participou, entre outros, o dr. Lívio Picherlle, psiquiatra, também já falecido.

Estava também presente o dr. Hernani Guimarães, engenheiro, estudioso da Parapsicologia, inventor de instrumentos especializados na pesquisa da paranormalidade e autor de vários livros sobre Parapsicologia e Espiritismo.

Havia também profissionais ligados ao ramo da pesquisa de aparelhos médico-psiquiátricos.

Além de demonstrar o aparelho, eu apresentei também, uma MÉDIUM famosa, que, inclusive, chegou a ser pesquisada duas vezes na NASA nos EUA.

A referida médium, d. Marieta, além de realizar "operações espíritas" (eu próprio assisti a mais de trinta) tinha a extraordinária capacidade de, ao "benzer" qualquer líquido, à distância de um metro, (água, guaraná, whisky, etc.) o mesmo apresentava, imediatamente, um forte odor de rosas!

Na época da referida reunião, estava passando por São Paulo um prof. da Universidade francesa de Sorbonne que, a convite de um dos autores citados, compareceu também à reunião.

Pelo fato deste prof. não falar português, convidei uma amiga minha, francesa, para, eventualmente, servir de intérprete, além de dar atenção ao referido professor.

Assim que a sra. Francesa chegou, d. Marieta, a médium, perguntou-lhe se ela iria fazer uma viagem internacional de avião. A francesa, curiosa, confirmou que sim, que estava prestes a viajar de avião para Paris.

Ato contínuo, a médium lhe disse:

— Não vá neste avião, transfira a passagem para outro avião.

Ela, por desencargo de consciência, transferiu a passagem.

O dito avião foi aquele que caiu em Orly, ocasionando, entre outras, a morte do cantor brasileiro, Agostinho dos Santos, que ia representar o Brasil num festival internacional de música.

Quero relatar também o caso de uma adolescente, minha cliente, a qual me procurou devido a uns desmaios que ocorriam várias vezes ao dia.

Esta paciente, filha de médica, havia se submetido a todos os exames indicados para esclarecer a sua sintomatologia. Nenhum dos exames acusou qualquer problemática do sistema nervoso central.

Fato curioso é que esta mocinha tinha um dom de apresentar sonhos proféticos relativos à matéria que iria cair na prova do dia seguinte!

Estudando num dos colégios mais importantes de São Paulo, a referida paciente era assediada pelas colegas para saberem o que iria cair nas provas. Ela visualizava a prova no sonho!

Certa ocasião, a mesma paciente sonhou com um acidente na própria escola: dois colegas brincavam de brigar. Inadivertidamente, um deles escorregou e bateu com a mão direita num vidro que se espatifou. A garota chegou, no sonho, a ver a mão ensangüentada do menino. Além do mais, ainda no sonho, ouviu a voz da diretora do colégio dizendo que o preço do vidro era tanto.

No dia seguinte, os dois meninos que apareceram no sonho, de fato, brincaram de brigar. Um deles, escorregou-se, espatifou o vidro com a mão, a qual se feriu, ficando ensangüentada, do mesmo jeito que foi vista no sonho.

Para completar, o preço do vidro, cobrado pela diretora da escola aos pais do menino ferido, foi o mesmo que havia sido ouvido no sonho!

Com o tratamento adequado, os desmaios foram completamente eliminados. Infelizmente, não tive a oportunidade de constatar o que aconteceu com os sonhos premonitórios.

Há 25 anos atrás, fui procurado por uma mulher dos seus trinta anos, a quem chamaremos de Wânia.

A referida pessoa era portadora de uma grave "DOC" — Doença Obsessivo-Compulsiva (Antigamente chamada de "Neurose Obsessivo-Compulsiva) e hoje, na denominação moderna, conhecida como "TOC" (Transtorno Obsessivo-Compulsivo).

Wânia morava numa cidade do interior de São Paulo, era professora e estava há um ano e dez meses de licença para tratamento de saúde e havia perdido vinte quilos.

Um dos seus sintomas era o seguinte: quando ela acabava de comer qualquer coisa, principalmente de almoçar ou jantar, ficava intensamente ansiosa, achando que se não se livrasse da comida, o pai morreria (ela aparecia às consultas sempre acompanhada pelo pai).

Assim sendo, Wânia tinha que enfiar o dedo na garganta e vomitar, o que lhe dava um alívio temporário até a próxima refeição.

Além destes sintomas, a paciente apresentava outros sintomas obsessivo-compulsivos: se ela passasse diante de uma loja de tecidos, observasse um determinado tecido, depois de andar uns três ou quatro quarteirões, ela achava que se não voltasse e passasse a mão no tecido, o pai morreria. Assim ela era "obrigada" a voltar e passar a mão no tecido.

Viver, para Wânia, havia se transformado num verdadeiro pesadelo. A paciente já havia se submetido a todos os tratamentos usuais da época: insulinoterapia, eletrochoque, hibernação (dormir profundamente, por vários dias, sob o efeito de várias drogas), antidepressivos da época, vários tipos de psicoterapias, incluindo Psicanálise. Tudo em vão. Todo psiquiatra sabe que certos tipos de transtornos obsessivo-compulsivos às vezes se apresentam como "um osso duro de roer".

Depois de várias sessões preparatórias, fizemos uma sessão mista de Hipnose e determinada droga, que durou cinco horas ininterruptas, durante as quais foram feitas "regressões simbólicas à vida intra-uterina", "regressões de nascimento simbólico", etc. (leia em páginas posteriores deste livro). Num determinado momento da regressão, no qual a paciente estava consciente todo o tempo, (sempre faço regressões com os pacientes conscientes), Wânia falou:

— Estou vendo o meu irmão chegar ao hotel.

Sempre atento para captar qualquer ocorrência transcedental (que independe do espaço e do tempo), perguntei a ela:

— O seu irmão está para vir a São Paulo?

— Que eu saiba, não — foi a resposta.

Tornei a perguntar:

— Em qual hotel o seu irmão está chegando? — Ela respondeu dando um nome.

— Como o seu irmão está vestido, inquiri. — Ela respondeu dando uma descrição. Ato contínuo, peguei a lista telefônica, vi o número do telefone do hotel e telefonei para lá.

Perguntei se o sr. fulano de tal estava no hotel (citando o nome do irmão da minha paciente).

— Está acabando de chegar, foi a resposta.

Num misto de curiosidade e satisfação, perguntei:

— Como ele está vestido? — Do outro lado da linha, o recepcionista do hotel deu uma descrição que conferia perfeitamente com a descrição feita por Wânia!

Trata-se, como se vê, de um caso de Clarividência. Felizmente, Wânia se livrou dos sintomas que a importunavam. Muitos autores da Psicologia Transcedental estão de acordo que, quando acontece um fato transcedental durante a terapia, tal fato tem um forte poder mobilizador em favor dos fatores que determinam a cura.

Nora e Dionísio me procuraram há oito anos atrás, devido a desentendimentos freqüentes que ocorriam entre os dois. Eram noivos, mas um ciúme intenso e inteiramente descabido vigorava entre ambos.

Todas as vezes que iam a uma festa ou lugares públicos, um dos dois acusava o outro de ter olhado interessadamente para outra pessoa e as brigas eram intermináveis.

Ambos foram colocados em grupos diferentes de Análise Transacional, uma técnica elaborada por Eric Berne, e que eu uso com muita freqüência.

Além da análise em grupo, foram usadas outras técnicas individuais, incluindo a Hipnose.

O problema dos ciúmes foi resolvido.

Casaram-se. Meses após o casamento, fui novamente procurado por Nora, devido a um problema de frigidez sexual.

Numa sessão de regressão hipnótica, como sempre, inteiramente consciente, ela relatou-me que na hora do orgasmo, uma voz insistente lhe dizia:

— Para, pare.

Incontinente, ela perdia toda a motivação e, inclusive, não conseguia dar prosseguimento ao ato sexual. Perguntei-lhe:

— De quem é a voz?

— Do meu antigo noivo — respondeu.

— Conte-me algo a respeito do seu antigo noivo. Pedi-lhe. Ela relatou o seguinte:

— Bem, éramos noivos e eu viajei para o sul do país, à casa de parentes, aguardando a chegada do mesmo, que havia partido de São Paulo, de moto, bem depois da nossa partida.

Aguardava a chegada do meu ex-noivo, quando chegou a notícia de que ele havia sofrido um acidente e falecera.

Fiquei desesperada. Passei por uma depressão terrível.

Perguntei-lhe se havia chegado a ter relações sexuais, o que ela negou.

Falou que todas as vezes em que ele tentava, na hora "H" ela "tirava o time de campo", dizendo: "pare, pare!"

Fizemos, terapeuticamente, o que deveria ter sido feito e, pelo que soube depois, o problema acabou. Até aqui, nada de muito importante. O fato a seguir é que me deixou intrigado:

Logo após a saída de Nora do meu consultório, tive que ir a uma drogaria, que ficava a uns três quarteirões de distância do meu consultório. Caminhava pela calçada, quando, inopinadamente, uma moto subiu na calçada, em minha direção e, se eu "não fosse de circo", dando um pulo acrobático, a moto teria me atingido com muita violência. Recuperado do susto, fui até a drogaria e comprei o que queria.

Na volta para o consultório, ao atravessar a rua, uma outra moto, que inclusive já havia passado, repentinamente, deu meia volta e veio, rapidamente, na minha direção. Novamente, tive que fazer uso do meu imediato reflexo e, num pulo salvador, coloquei-me fora do alcance da perturbadora máquina. Hurra. Por hoje basta.

Um outro caso refere-se a uma srta. canadense, professora, que me procurou devido ao fato de sempre e somente quando estava na presença do namorado, costumava apresentar amnésia (perda da memória), seguida da emissão de sons incompreensíveis e, não raro, perdia completamente a consciência.

Resolvi fazer o tratamento não pela Hipnose, mas, para variar, utilizei-me de uma técnica bastante interessante de NEUROLINGÜÍSTICA, na qual, sem Hipnose, o terapeuta entra em contato com a parte do inconsciente da pessoa responsável pela sintomatologia. Negocia com ela e consegue da mesma uma substituição dos sintomas por outros padrões de comportamento que não sejam inconvenientes.

Segundo a Neurolingüística, a parte implicada do inconsciente só concorda em trocar os sintomas se os novos padrões de comportamento a serem vivenciados pelo paciente, apresentarem a mesma intenção do padrão-sintoma.

Não se preocupe com isto, caro leitor, é problema do terapeuta!

Para se realizar tal técnica, faz-se necessário estabelecer um código de "SIM" ou "NÃO", o que permite, de uma maneira binária, como nos computadores, tratar de qualquer assunto.

No caso, basta pedir ao paciente que feche os olhos e que peça, literalmente, à parte do inconsciente responsável pelo sintoma, se está de acordo em entrar em contato com o terapeuta. Quase sempre obtém-se uma resposta positiva. No entanto, algumas vezes, torna-se necessário que o terapeuta tenha grande experiência em captar microcomportamentos, o que exige prática.

No caso desta paciente a quem chamaremos de Liz, a resposta do "SIM" veio sob a forma de um movimento involuntário do dedo indicador da mão direita.

Não sei porque decidi perguntar se a "INTENÇÃO" causadora do sintoma, vinha de "encarnado" ou de "desencarnado".

Para meu espanto, a resposta, usando o método binário, veio que era de "desencarnado".

E daí? Perguntei aos meus botões.

Bom. Terapeuta ou não, às vezes, a gente precisa ter criatividade. Fosse de quem fosse a resposta, o importante era entrar em contato com a fonte implicada e negociar. Na verdade, nunca tinha negociado com um "Espírito" (mas, lembrando-me do caso da moto, fiquei mais esperto!).

Notei que a tal "entidade" estava disposta a negociar. O problema é que o método binário, por ser lento, dificultava o intercâmbio.

Lembrei-me que certa ocasião havia lido que se pode comunicar com "espíritos" através de um pêndulo e de um círculo de papelão contendo as letras do alfabeto. Imediatamente, construi um pêndulo com um anel e uma linha e desenhei um círculo, contendo, diametralmente, todas as letras do alfabeto, de modo a que se o pêndulo se movesse numa determinada direção, encontraria tanto numa extremidade do diâmetro, como na outra, a mesma letra, afim de evitarem-se confusões. Colocamos o pêndulo no dedo indicador da paciente e ajustamos a parte rija do mesmo (o anel) exatamente no centro do círculo.

Eu ia fazendo as perguntas que me interessavam e a paciente, com os olhos fechados, não podia dirigir conscientemente os movimentos do referido pêndulo.

Com este tipo de estratégia, o pêndulo ia se movendo e, fosse o inconsciente da Liz, fosse uma "entidade desencarnada", as perguntas iam sendo respondidas.

Deste modo, fiquei sabendo que o meu intereocutor se identificou como o "espírito" de um ex-namorado da Liz que faleceu quando ela tinha quinze anos.

Soube também que o ex-namorado era muito ciumento e mesmo como espírito, não tolerava que a Liz namorasse outro rapaz, daí o fato dela sentir-se mal apenas na presença do namorado atual.

Como queria saber mais coisas e o processo do pêndulo ainda era lento, desenvolvi na paciente aquilo que os espíritas denominam "ESCRITA AUTOMÁTICA". Isto é, com os olhos fechados e munida de uma caneta esferográfica e papel, a "entidade" ia respondendo às minhas perguntas.

Não quis perder a oportunidade que se me afigurava, por isso, resolvi desenvolver o que se chama de "VOZ DIRETA". Passei então a ter um diálogo muito esquisito: Eu perguntava e uma voz, bem diferente da voz da paciente, porque era uma voz grave, respondia. Travamos um diálogo que não vale a pena explicitar aqui. Como, por curiosidade, já havia assistido a sessões de desobcessão, tratei de imitar o que ouvi o diretor dos trabalhos dizer.

Disse a tal entidade que ela já não era mais desta dimensão e que, permanecendo aqui, ela estava atrapalhando a sua própria evolução e prejudicando uma pessoa a quem havia amado tanto, etc. Usei todo o meu poder de argumentação e pelo visto a "entidade" concordou porque a jovem saiu bem melhor do meu consultório e pelo que se soube, durante muito tempo não voltou a apresentar os tais ataques.

Para muitas pessoas, pode parecer estranho que, ao invés de tentar dissuadi-la de que não se tratava de um "verdadeiro" espírito, e sim de uma parte da própria personalidade dela, eu tratei de tudo como se se tratasse realmente de um espírito. Quero esclarecer que, do ponto de vista da neurolingüística, a gente deve "entrar na da pessoa" e não querer que ela entre na da gente. Assim, obtém-se a confiança da pessoa ou seja lá do que for. Para mim é indiferente que eu tenha conversado com um espírito ou com uma subpersonalidade da minha paciente, o que importa é o resultado positivo. Também, como já tive a oportunidade de mencionar, "a verdade é como a água, adapta-se à forma do vaso que a contém." E se eu falei com um verdadeiro espírito, tanto melhor, assim abre a possibilidade de uma nossa existência depois da morte física. Lembro-me agora daquele filósofo grego que, condenado a beber veneno, proferiu as seguintes palavras: "Não tenho medo de morrer. Se não existir vida além da morte, será como um dormir sem sonhar. Se houver vida depois da morte, assim matarei a minha grande curiosidade de saber como será esta vida".

Para terminar esta seqüência de casos intrigantes, vou revelar um último caso, antes de falar nas regressões a vidas passadas propriamente ditas.

Numa ocasião, seguindo a minha intuição, que raramente me decepcionou, e não sabendo direito porque agi desta maneira, coloquei uma paciente dos seus dezoito anos, vivenciando um pleno "SURTO ESQUIZOFRÊNICO", numa sessão de pacientes que se tratavam de simples e diversas neuroses. O grupo era de Análise Transacional e funcionava à tarde. No grupo havia dez pessoas. Chamaremos esta paciente de Anita. Ela havia sido internada num hospital psiquiátrico, com a finalidade de permanecer em tratamento intensivo, com vários medicamentos, durante um período previsível de dois meses.

A família da paciente visitou-a no hospital e, horrorizada com o ambiente, com o estado dos demais pacientes, condoída da situação de confinamento da Anita, resolveu assinar um termo de compromisso e retirá-la do hospital contra a orientação do seu psiquiatra e de toda a equipe médica. Mas o estado de lamúria, choro e desespero da paciente, para a família, falou mais alto do que a argumentação dos médicos.

Como já disse, a paciente estava em pleno surto esquizofrênico, delirante, porém não agressiva. É claro que eu designei uma pessoa da família para fazer companhia constante à paciente e reforcei as doses dos antipsicóticos, afim de que a mesma pudesse ser tratada em domicílio.

No grupo, o comportamento da Anita foi o que era de se esperar de uma paciente altamente psicótica. Ela pegou a caneta de tinta especial para lousa branca e quis rabiscar as paredes, no que foi impedida por mim. Nestes grupos, as pessoas ficam sentadas em almofadas confortáveis. Anita queria puxar as almofadas de uma ou outra pessoa, no que foi impedida.

Por fim, ela sentou-se ao meu lado, deu-me a mão e ficou como uma pessoa em transe, vivendo mais no mundo da lua do que no nosso mundo.

O trabalho do grupo foi iniciado e cada pessoa apresentou o seu problema que, como de costume, foi trabalhado por todo o grupo supervisionado pela minha pessoa. Quando a última pessoa falou e o seu problema foi trabalhado, Anita pareceu acordar de um profundo transe, com os olhos abertos, porém perdidos no infinito.

Para surpresa minha e de todos os componentes do grupo, Anita virou-se para a primeira pessoa a falar e lhe disse: Você disse isto, repetindo o problema apresentado, mas deixou de dizer aquilo. Falou então de um problema que só eu e o expositor do mesmo, sabíamos. Depois Anita virou-se para a segunda pessoa e o fato se repetiu. Foi-se criando uma espécie de admiração, ao mesmo tempo de mal estar. E assim, se deu o mesmo com as dez pessoas do grupo. Como aquela pessoa, "doida de pedra", podia saber dos problemas mais íntimos das pessoas que ela via pela primeira vez e que eram do conhecimento apenas de cada pessoa e do meu conhecimento em sessões individuais? Alguém do grupo chegou a comentar que "baixou um espírito".

Para mim, foi uma experiência ímpar. Passei a respeitar os esquizofrênicos mais do que nunca. Afinal quem era o louco ali, eu ou a paciente?

Com a continuação dos antipsicóticos o surto esquizofrênico foi curado, no entanto, os dons paranormais da paciente desapareceram completamente. Compreendi que, no passado, muitos loucos eram tidos como tendo contato direto com "divindades". Compreendi porque alguns psiquiatras de vanguarda, como Laing (Inglês) e Stanislav Gross (Checo) julgavam que certas loucuras representavam um "processo evolutivo" dos pacientes e que as drogas antipsicóticas, apenas serviam para abortar referidos processos. Compreendi porque a Guerda Boisen (psicóloga norueguesa) somente dava alta a seus pacientes depois que os mesmos apresentassem qualidades paranormais. Compreendi também que nós os psiquiatras temos a ilusão de sabermos muito, mas que na realidade pouco sabemos sobre os intrincados e complicados caminhos da mente humana. E se eu já era muito humilde diante da grandeza do COSMOS (que em grego significa BELEZA), a minha humildade aumentou muito mais e a minha admiração pelo ARQUITETO DO UNIVERSO se transformou em adoração.

Capítulo 2

REGRESSÕES DE ALGUNS CASOS RETIRADOS DA MINHA ESTATÍSTICA

Os espiritualistas encontrarão neste livro uma confortadora confirmação de suas verdades. Mas são os descrentes que devem lê-lo. Sem repetir o gesto estúpido daquele fanático devoto da teoria dos miasmas que, convidado um dia para ver ao microscópio a figura viva de uma bactéria, deu as costas à objetiva:
— "Nem vendo, eu acredito!"

OSMARD FARIA DE ANDRADE NO PREFÁCIO DO LIVRO *Morte, Renascimento, Evolução* DE HERNANI GUIMARÃES ANDRADE.

a) UM ENGENHEIRO, A QUEM CHAMAREI Paulo, procurou terapia devido a uma séria fobia de hospital, tendo chegado, mesmo, em certa ocasião, a fugir de um hospital, na véspera de uma cirurgia abdominal a que deveria ser submetido no dia seguinte. Ainda bem que os médicos haviam se enganado no diagnóstico, que, segundo os mesmos, seria de apendicite aguda e, mesmo fugindo, Paulo, não sofreu maiores conseqüências.

Quando fui procurado pelo referido cliente, o mesmo teria de ser submetido a uma outra cirurgia, desta vez, com o diagnóstico correto, comprovado por diversos médicos.

O problema é que Paulo, devido a sua fobia, não tinha coragem de entrar num hospital nem mesmo para um exame clínico, quanto mais para uma cirurgia!

Propus fazer uma REGRESSÃO, através do aparelho que inventei, o que foi imediatamente aceito pelo paciente. O curioso é que, utilizando-se do referido aparelho (como ocorre em muitas outras técnicas), a pessoa regride exatamente e automaticamente até a época do trauma gerador do sintoma a ser tratado.

Paulo reviveu na regressão o seu próprio nascimento.

Relatou que no começo do parto a sua mãe ainda estava no quarto do hospital. Ela tocou a campainha e chamou a enfermeira. Esta, sem examinar a paciente, sentou-a na cama. Só então percebeu que o parto já havia começado e que a cabeça do nascituro já estava de fora. Devido ao trauma de sua mãe sentar-se sobre sua cabeça, Paulo teve a clavícula quebrada. Na regressão, como costumo fazer, o episódio foi repetido, na mesma sessão, várias vezes, até "limpar" o aspecto traumático do conteúdo. Isto quer dizer que da primeira vez em que o trauma foi vivenciado Paulo sentiu muita dor e até chorou. Da segunda vez, sentiu menos dor e assim fui repetindo o processo, até que Paulo pôde relatar o acontecimento, de maneira calma, tranqüila, como se se tratasse de outra pessoa.

No dia seguinte à sessão, Paulo foi internado no hospital, sem o menor medo, e submeteu-se à cirurgia sem maiores problemas.

Fato interessante, é que, anos depois, fazendo uma Regressão na mãe do Paulo, pude ouvir a mesma história, desta vez, relatada pelo ponto de vista da mãe, mas contendo exatamente os mesmo ingredientes, o que confirmou completa e totalmente o relato do filho.

b) A regressão seguinte vem confirmar que um juramento feito há séculos, numa encarnação anterior, pode, para determinadas pessoas, estar valendo até a presente data.

Uma engenheira, a quem daremos o nome de Neide, havia ficado noiva quatro vezes e, faltando um mês para o casamento, havia tomado raiva dos noivos e desfeito o compromisso.

Com facilidade e da primeira vez, Neide foi levada a uma encarnação no século XVI, vivida numa pequena aldeia, em Portugal. Para a minha admiração, a paciente relatou os seguintes fatos, pronunciando as palavras num forte sotaque português.

"Neide" estava com quinze anos, era uma moça muito bonita, estava noiva, e o casamento já estava marcado para umas poucas semanas.

Eis que o noivo dela foi procurado pelo fazendeiro mais rico da região o qual lhe propôs para casar-se com a sua filha, que herdaria toda a sua fortuna.

O rapaz balançou na base e procurou a noiva, na atualidade minha paciente, e fez-lhe a seguinte proposta: casaria com a filha do fazendeiro, por conveniência, e continuaria com ela, noiva, como amante. Ao tomar conhecimento de tal proposta, Neide chorou convulsivamente uns quinze minutos e jurou nunca mais se "casar". Foi então que falei sorrindo para Neide:

— Quer dizer então que um juramento feito no século XVI ainda está valendo até hoje?

Ela sorriu e se concientizou da bobagem que estava fazendo.

Dando prosseguimento à regressão, a paciente relatou que saiu do vilarejo onde morava, foi para uma cidade maior, empregou-se num castelo. Como era muito bonita, por vingança, estragou vários casamentos, envolvendo-se sexualmente com os maridos. Morreu tuberculosa.

c) Helena

Administradora de empresas. Estava se separando do marido, devido à grande incompatibilidade de gênios apresentada pelo casal.

O processo de separação estava em andamento e a paciente tinha tal ogerisa pelo marido que lhe era bastante penoso olhar-lhe no rosto.

Fato curioso: A referida encarnação deu-se na Inglaterra e a paciente, na regressão, apenas pronunciou umas poucas palavras em português e continuou falando todas as frases num corretíssimo inglês britânico.

Helena, cuja regressão foi realizada no aparelho Desestabilizador Espaço-Temporal-Sonoro, relatou que foi assassinada pelo marido da época, que, por sinal, ela identificou como o atual marido, de uma maneira bastante cruel: O marido soltou sobre a pobre mulher desprotegida uma manada de cavalos bravios.

A mulher morreu pisoteada pelos cavalos e gritou tanto que fiquei com medo de que alguém chamasse a polícia, julgando que eu a estivesse matando.

Mais ainda. Helena esperneou tanto que quase quebrou o aparelho. A custo, consegui administrar a situação.

d) Uma outra regressão tendo como paciente um sr. de sessenta anos, feita recentemente, durante uma conferência sobre o ADET (Aparelho Desestabilizador Espaço-Temporal-Tonoro). Nestas conferências, costumo convidar três a quatro pessoas que desejem experimentar o aparelho. Naturalmente, faço uma regressão superficial, como sempre, o paciente estando completamente consciente. O referido sr. sentiu-se como um índio americano, cavalgando em seu cavalo em pêlo. Repentinamente, uma manada de búfalos aproximou-se e, quando o índio deu por fé, já estava no meio da manada. Foi derrubado e pisoteado. Tal foi o seu desespero, gritos e gesticulação que por pouco, como a paciente anterior, não quebrou o aparelho. Fui obrigado a pedir ajuda a uma pessoa da assistência, a qual desligou o aparelho, enquanto eu, entrando dentro do mesmo, apaziguei o paciente usando a hipnose. Entre milhares de regressões que realizei, estas foram as duas únicas cujas pessoas deram um pouco de trabalho.

e) Escolhi citar também a regressão a seguir, porque a paciente regredida, Ilma, comerciante, durante a regressão, dizendo-se poeta francesa, falou num francês corretíssimo e todo pronunciado em versos. A paciente estava também na expectativa de separar-se do marido.

Um fato interessante é que o próprio marido, num processo de regressão, teve a lembrança de assassinar a esposa, a qual era a mesma da encarnação atual.

Este casal, no entanto, conseguiu superar as divergências e continua casado até hoje, cinco anos depois. Note-se que a paciente que falou um francês perfeito e rimado afirmou nunca ter estudado francês.

f) Marilda, uma sra. loira, dona de casa, casada pela segunda vez, obteve uma regressão digna de ser assinalada. Ela viu-se e sentiu-se como uma escrava no tronco.

Seus pulsos estavam acorrentados, enlaçados por grossas algemas que a molestavam bastante. Marilda foi chicoteada e verteu muitas lágrimas.

O interessante é que quando acabou a sessão, os pulsos da paciente apresentavam hematomas que desenhavam exatamente as marcas deixadas pelas algemas. Alguns minutos depois, tudo havia desaparecido tão misteriosamente quanto havia aparecido.

Há poucos meses, fui visitado pela d. Marilda a fim de apresentar-me uma parente para tratamento. Estranhei o fato da paciente estar rejuvenescida. Parecia dez anos mais jovem do que quando fez as regressões!

g) Há poucos meses atrás, fiz regressões em um rapaz, casado, com trinta anos de idade. O que se passou nas referidas regressões deixou o rapaz, a quem chamaremos de Pedro, tão surpreso e encabulado, que o mesmo resolveu fazer investigações para melhor apurar os fatos:

Nas regressões, Pedro viu-se como piloto das Forças Aéreas Inglesas, embora sendo irlandês. Pedro relatou como era a estratégia alemã para os bombardeios na Inglaterra, bem como a estratégia inglesa para fazer frente aos pesados bombardeios alemães.

O curioso é que Pedro descreveu pormenorizadamente os tipos de aviões, tanto os ingleses como os alemães.

O paciente pilotava um monomotor inglês numa esquadrilha de cinco caças para fazer frente a uma primeira leva de caças alemães.

Afim de tentar derrubar um bimotor alemão (o que conseguiu, finalmente), Pedro desviou-se da sua esquadrilha. Enquanto procurava a mesma, Pedro deu de cara com uma segunda leva de aviões alemães, mais ligeiros e mais sofisticados.

Como excelente piloto, Pedro tentou desvencilhar-se dos inimigos. Dois aviões alemães utilizaram-se de uma tática da qual, dificilmente, consegue-se escapar.

Os dois aviões inimigos perseguiram-no, em maior altitude e em vôo paralelo, um à direita e o outro à esquerda do avião pilotado por Pedro.

O grande problema desta tática de ataque é que se o avião perseguido tentar escapar pela direita, lá em cima, em grande vantagem de posição de tiro, estará um dos perseguidores.

Se, por outro lado, o avião perseguido tentar escapar pela esquerda, lá também estará em maior altitude e, portanto, em melhor posição de tiro, o outro avião perseguidor. Não importavam quais fossem as manobras efetuadas por Pedro, os dois perseguidores o seguiam.

Até que por fim, o perseguidor da direita descarregou a metralhadora no lado direito do avião do Pedro. Os tiros vararam e atingiram, em cheio, a perna direita do piloto. Gemendo de dor e perdendo muito sangue, Pedro, como experiente piloto, tentou localizar e alcançar o aeroporto aliado mais próximo. Ficou surpreso pelo fato dos aviões alemães se afastarem, buscando, provavelmente, juntar-se ao restante da esquadrilha. Esperava que os alemães insistissem no ataque.

Com perícia e sorte, Pedro conseguiu encontrar um aeroporto e aterrizar. Houve porém um acidente. O piloto não havia percebido que o trem de aterrissagem havia sido danificado e, ao tentar aterrizar, o avião capotou e a cabeça de Pedro sofreu um sério raspão que deslocou toda a pele do lado direito do crânio de Pedro. (Durante toda a atual vida, Pedro sofria intensos formigamentos na pele direita do crânio, que não havia sido diagnosticada por nenhum especialista).

Quando deu por si, Pedro estava num hospital aliado, já operado. Com horror, notou que a perna direita havia sido amputada.

O piloto relatou ainda, que alguns oficiais ingleses adentraram na enfermaria para homenageá-lo com uma medalha de Honra ao Mérito. (Na manhã do mesmo dia, Pedro havia derrubado um outro avião alemão).

Pedro chorou ao receber a medalha. Os oficiais pensaram que o choro era de emoção pela a premiação. No entanto, lá no fundo, segundo confessou-me, Pedro chorava por ter perdido a perna.

Fatos curiosos referentes a esta regressão: Nesta vida, Pedro havia sido piloto da FAB e quase sofreu dois acidentes que teriam sido mortais. Devido a estes acidentes, Pedro teve que abandonar a Aviação.

Outro fato: Pedro conseguiu um jornal inglês da época da Segunda Grande Guerra, o qual mostrava o avião que Pedro pilotara, bem como a equipe de pilotos, entre os quais, ele, provavelmente, deveria estar. O paciente mostrou-me também uma revista que apresentava os aviões da época e pôde descrever e mostrar o modelo do seu avião derrubado e dos outros aviões que participaram da batalha e da regressão.

Mais ainda: Depois de ter a perna amputada, Pedro viveu mais dois anos na fazenda dos pais que eram escoceses e que criavam carneiros. Depois os pais compraram uma máquina de fazer tecidos e abriram uma tecelagem. Tal foi a empolgação de Pedro que ele resolveu fazer uma investigação na Escócia para ver se encontrava descendentes da família para confirmarem ou infirmarem a sua epopéia.

Quero ainda, para finalizar, dizer que a reportagem com os pilotos ingleses foi feita oito dias antes do avião de Pedro ser derrubado.

h) Certa vez, fiz regressão numa senhora que havia se separado do marido porque a sogra, excessivamente ciumenta por causa do relacionamento do filho com a nora, tanto fez, até que o casal veio a se separar.

Muitos autores que praticam a regressão a vidas passadas, encontram que várias pessoas que viveram numa mesma família numa encarnação anterior, na encarnação atual, reencarnam juntas para cumprirem experiências cármicas. No caso que estou descrevendo, numa encarnação passada, a mãe do rapaz era esposa do mesmo, daí o ciúme exagerado.

i) Fui procurado por um rapaz que há quinze anos atrás havia feito um curso de AUTO-HIPNOSE ministrado pela minha pessoa, pedindo-me que o ajudasse a se separar da mulher. Dito rapaz sabia que eu costumo tratar de casais em desarmonia, bem como de namoros complicados. Nestes casos, além da regressão, uso a Análise Transacional e a Neurolingüística.

Ao ser perguntado porque queria separar-se da mulher, o rapaz respondeu que a mesma era uma pessoa baixa e pesava 130 (cento e trinta quilos). Mas o pior é que ela comia uma caixa de bombons por dia e nem queria ouvir falar de médicos e muito menos de regimes alimentares. Há dez anos ela havia desistido de tentar emagrecer.

Disse ao rapaz que poderia ajudá-lo no seu intento, mas que antes, desejaria conversar pessoalmente com a mulher dele.

O rapaz achou um pouco difícil que ela se dispusesse a falar comigo, pois a mesma, tinha uma ogerisa intensa por qualquer tipo de médico, principalmente se o assunto fosse emagrecer.

Ao saber que eu estava apto a usar técnicas completamente diferentes de tudo que ela já havia experimentado, irresoluta e desconfiada, ela resolveu comparecer ao meu consultório.

Propus à Inês, este era o seu nome, que poderíamos fazer umas sessões de regressão, as quais poderiam ser de grande utilidade.

As sessões foram executadas.

Numa primeira sessão, Inês foi levada a uma encarnação na qual ela sofria de um câncer intestinal, e que devido ao seu mal-estar não conseguia ingerir nenhum tipo de comida. Morreu praticamente de inanição.

Numa segunda regressão, Inês viveu uma encarnação na qual ela morreu de câncer no estômago. Do mesmo modo que a primeira vez, a paciente ficou muito depalperada, tinha muita intolerância pela comida e, praticamente morreu de inanição.

Note-se que no tempo desta encarnação, não existiam os recursos que existem hoje.

Numa terceira encarnação, devido a problemas de ANOREXIA PSICOGÊNICA, Inês morreu de fome.

O certo é que a paciente emagreceu 30 kg e deixou de comer chocolates. Além das regressões, foram feitas sessões de Hipnose, Neurolingüística e Bioenergética.

Felizmente o marido desistiu da separação.

Muitos autores têm notado que vários casos de obesidade que se apresentam insolúveis pelas terapias habituais, respondem bem às terapias de regressões a vidas passadas e, na esmagadora maioria dos casos, as pessoas passaram muita fome ou morreram de fome em várias encarnações passadas.

j) Fiz regressão numa paciente de seus quarenta e cinco anos, a quem daremos o nome de Iracy.

A referida paciente me procurou devido a vários medos, principalmente o de consultar-se com um médico alopata, em particular, cirurgião.

Iracy era portadora de dois grandes nódulos que se desenvolviam há anos. Um dos nódulos, o maior, medindo possivelmente o tamanho de uma maçã pequena, situava-se na parte inferior e lateral do seio esquerdo. A pele circunvizinha apresentava um horrível aspecto de escama de peixe. Havia dor intensa e quase impossibilidade de mexer com o braço.

Um segundo nódulo, situado em cima da clavícula esquerda, apresentava-se bipartido como duas azeitonas das grandes. A paciente disse que havia feito "duas operações" não elucidando bem qual o tipo de operação. Estranhei o fato do cirurgião não haver extirpado os tumores completamente. O medo da paciente era de tal monta que foi necessário que ela adquirisse muita confiança na minha competência profissional para que tivesse coragem de dizer que as referidas operações foram efetuadas por técnicas alternativas. Como os nódulos já se desenvolviam há anos, procurei convencer a paciente a procurar um oncologista o que ela se negou peremptoriamente. Usando técnicas de hipnose e neurolingüística, procurei tirar-lhe o medo de um cirurgião e até me dispus a acompanhá-la, se fosse o caso. Depois de muita relutância, Iracy resolveu procurar um oncologista, cuja opinião, discutiremos mais tarde.

É sabido, desde muitos anos, que o casal SIMOTON vem utilizando-se do processo de fantasias visuais positivas, no combate a tumores. O método tem apresentado resultados alentadores, tanto é que recentemente uma clínica da Argentina resolveu incorporar a técnica nos tratamentos de tumorações.

O certo é que, enquanto esperava que a paciente se dispusesse a procurar um oncologista, fui utilizando-me de técnicas de sugestões hipnóticas e regressões.

Os resultados foram animadores. A paciente já sofria bem menos dor. Os volumes dos nódulos diminuíam e a paciente foi demonstrando cada vez mais entusiasmo pela vida (Quando me procurou, já havia "entregado os pontos").

Descrição da regressões: Numa das regressões, a paciente viveu como uma prostituta em Paris, Momart, e sofria muito na mão dos homens, principalmente do cafetão. Foi assassinada com uma facada no seio esquerdo, exatamente na região onde se desenvolveu o tumor.

Noutra reencarnação, ainda como prostituta, a paciente foi assassinada com um tiro no mesmo seio onde apresentava o nódulo.

Noutra encarnação, Iracy foi um soldado russo que morreu na neve. Um estilhaço de granada gravou-lhe na mesma região onde o tumor se desenvolveu. O curioso é que a paciente, muitas vezes, apresentava modos bem masculinos, abruptos, fazendo lembrar um soldado. Com as regressões, ela foi se tornando mais feminina, sentindo-se mais mulher e, segundo suas próprias palavras, "libertando-se do soldado russo".

Numa outra auto-regressão, uma vez que a paciente já estava bem treinada em regredir, o fato se deu espontaneamente. Ainda na Rússia, escapando de um avião que fizera uma aterrizagem forçada na neve, a paciente foi atacada por um enorme urso que a unhou, ainda uma vez, exatamente no local da tumoração.

Voltemos agora aos oncologistas. Um certo médico indicou-lhe uma quimioterapia, cujo resultado não foi satisfatório e o médico prescreveu uma cirurgia altamente invasiva, com recessão total do seio esquerdo, da região subclávia e até de porção da região costal esquerda. Inconformada, a paciente procurou outro facultativo que lhe indicou a radioterapia. O resultado foi surpreendente. Ambos os tumores "baixaram drasticamente" existindo até, a possibilidade de, com nova e diferente quimioterapia, poder-se evitar a cirurgia!

Há de se notar que, independente da radioterapia, a paciente fazia tratamentos alternativos, inclusive hipnose com sugestões de rebaixamento dos tumores.

k) Yoko, uma japonesa solteira de trinta anos, procurou-me devido à total incapacidade de arrumar um namorado. Era uma pessoa bastante culta e bonita. Devo esclarecer que além das regressões, a paciente participou de um curso de "BIOENERGÉTICA" o qual costumo ministrar de tempos em tempos para os meus clientes. O que há a ressaltar numa das regressões a que foi submetida Yoko, é que a mesma, no ano 300 depois de Cristo, numa masmorra de um castelo japonês, cujas paredes eram de pedras pontiagudas que se insinuavam para dentro da prisão, inadvertidamente, feriu a ponta de um dedo. A paciente gritou de dor e, ao observar o seu dedo, notei um furo arredondado rodeado por uma grande mancha vermelha. Dez minutos depois desapareceram o furo e a mancha. Para terminar, quero dizer que Yoko, hoje já não está mais sozinha. Arranjou um companheiro.

i) Valdecy, uma moça dos seus trinta e quatro anos, quando me procurou, estava deprimida, angustiada e muito ansiosa. Havia sido abandonada pelo noivo, depois que o casal teve um filho. Valdecy engordara mais de dez quilos e estava amatronada. O tratamento foi feito através da Bioenergética e da Regressão.

Fatos interessantes a assinalar nas regressões da Valdecy:

1. Foi a paciente a quem levei o maior número de regressões, atingindo a mais de vinte.

2. A paciente foi regredida à condição de um ser muito primitivo, pré-histórico, o qual descreveu curiosos tipos de iniciação à adolescência na qual o iniciante tinha que passar por provas muito pesadas.

3. Descreveu cenas nas quais pessoas eram devoradas por tigres e outros animais selvagens.

4. Segundo a Cientologia, uma pessoa pode ser regredida na linha espiritual ou na linha genética. Com a referida paciente, conseguimos um tipo de regressão, genética, e a paciente se viu como um ser que passava da vida marinha à vida terrestre.

5. Valdecy vivenciou várias mortes extremamente penosas: Queimada na fogueira, na Idade Média. Afogada no mecôneo, por ocasião de um nascimento. Houve uma morte emparedada. Não costumo explorar a existência entre duas mortes. No caso da paciente em questão, depois da morte por emparedamento, o seu "espírito perseguiu" os carrascos que a emparedaram.

6) Valdecy emagreceu cerca de vinte quilos e o seu corpo amatronado adquiriu quase as medidas de uma candidata a miss. No caso, foram usados muitos exercícios de Bioenergética que ajudam a redistribuir os tecidos gordurosos e musculares.

7. Neste caso, foram registrados mais de dez abusos sexuais por pessoa adulta, quando a paciente era ainda uma pequena criança.

m) Tive também a oportunidade de fazer regressão numa paciente a quem chamarei de "L", a qual era lésbica. Desde quando "se entendia por gente", L manifestara tendências libidinosas para o mesmo sexo. Também, desde criancinha, L se interessava somente por brincadeiras e brinquedos masculinos. Quando fiz as regressões que vêm a seguir, a paciente tinha vinte anos de idade.

Na primeira regressão, a paciente viveu uma existência há 300 anos atrás. Nesta época, aos dez anos, sofreu um estupro de um adulto. As três encarnações seguintes foram vividas, como homem, em diversos países.

Na encarnação atual, devido ao exposto, não lhe foi permitido assumir a identidade feminina, embora corporalmente e hormonalmente fosse mulher.

Procurei, na seqüência de regressões descritas e bastante resumidas, evidenciar apenas as partes mais interessantes e relevantes de cada caso.

A seguir, passo a palavra a um paciente que descreveu algumas regressões com o próprio punho, do qual tive a permissão para que as referidas regressões fossem transcritas. É claro que foram tomadas providências de modificações do nome, profissão e idade, a fim de que a identidade do paciente fosse preservada. Daremos a este paciente o nome de Sebastian, engenheiro, beirando os quarenta anos. Diagnóstico: Homossexualismo, Masoquismo, Síndrome do Pânico e, para dormir, Sebastian "tinha" de ingerir cerca de meio litro de uísque. Isto, sem falar que o paciente ingeria, diariamente, grande quantidade de um forte antidepressivo, cujo valor terapêutico era praticamente nulo. Sebastian tinha medo de altura, de andar sozinho, estava sempre isolado e, freqüentemente, apresenta-se depressivo. Ninguém melhor que o próprio paciente, pessoa muito culta e inteligente, para descrever, no Capítulo IV, as suas próprias regressões. As descrições foram praticamente literais, fora uma ou outra palavra, para o devido despistamento de identidade.

Antes, porém de dar a palavra a Sebastian, descreverei no Capítulo III, o aparelho DESESTABILIZADOR ESPAÇO-TEMPORAL-SONORO, o qual tem sido citado inúmeras vezes no decorrer do presente Capítulo. Aliás, como foi dito no prefácio, uma das finalidades do presente livro é a de apresentar o aparelho que se comporta como "um túnel do tempo". As descrições que Sebastian fez das próprias regressões vão preencher todo o espaço do Capítulo IV.

Capítulo 3

DESESTABILIZADOR ESPAÇO-TEMPORAL E SONORO

Uma máquina do tempo?

Vivemos na Era Espacial. Nas regiões perdidas dos espaços infindos para onde se voltava os olhares extasiados dos nossos ancestrais. Nos paramos longínquos espaços cuja imensidão deslumbrou e desconcertou a imaginação dos estudiosos de todas as épocas. Nos astros vertiginosos e incontáveis onde a inspiração dos poetas sempre teve uma fonte inesgotável; nos sóis e nos planetas onde a fantasia dos ficcionistas mais ousados colocaram as suas aventuras. Na mesma amplidão incógnita para onde voltamos o nosso olhar inebriado e o nosso pensamento palpitante, lá, o homem já colocou os seus artefatos. Lá, no espaço sideral, o homem já lançou os seus satélites. Lá, o homem já lançou o seu próprio ser, a sua própria carne o seu próprio corpo, num afã desesperado de conhecer e de dominar de perscrutar e de definir, de descobrir e de interpretar, de penetrar e de dominar. A inteligência humana venceu a atração do nosso planeta e se lançou na aventura mais prodigiosa de todas as épocas. A inteligência humana venceu os grilhões que nos aprisionavam na terra e escreveu o capítulo mais heróico e intrépido da história do homem na terra. Vivemos na Era Espacial! Para a conquista desta era foi necessária a efusão de conhecimentos que abrangem homens das mais diversas nacionalidades, raças, credos, sistemas políticos. A conquista do espaço é trabalho de toda a humanidade. Vivemos na Era Espacial. Na era das grandes e incríveis velocidades. Na era em que os bólidos, construídos e dirigidos pelo homem, buscam os céus em demanda de novos horizontes. Mas se a curiosidade e a confiança do homem desconhecem limites, os seus sentidos são limitados. O seu olhar busca ansiosamente os espaços, mas a sua vista alcança apenas um circunscrito limite. Os seus ouvidos se voltam e se apuram para auscultarem as distâncias, mas também, o seu aparelho auditivo é limitado: a uma certa e curta distância, os sons emudessem. Mas entre o homem e o mundo não existem apenas os seus limitados sentidos. Para ver melhor, para ouvir mais longe, para dirigir melhor, o homem criou a máquina. Através da máquina, o homem multiplicou incalculavelmente a sua força. Através da máquina, o homem apurou os seus ouvidos a ponto de ouvir o "bip, bip" de uma máquina colocada na Lua, de ver e dirigir um veículo colocado no solo de Marte, ou navegar incólume, em busca de espaços mais longínquos. Através da máquina, o homem vê o que se passa nestas distâncias consideráveis. Foi o rádio, foi a televisão, foi a eletrônica que ampliaram descomesuradamente os nossos sentidos. Sim, a ELETRÔNICA. Foi a eletrônica que permitiu ao homem esta façanha inaudita de penetrar na Era Espacial. Mas vejamos. A Eletrônica nos permitiu vasculhar um mundo extremamente afastado de nós. Mas existe também um outro tipo de viagem. Uma viagem, acredito eu, muito mais importante para o SER humano do que a viagem espacial. A viagem a que me refiro, é a viagem para o nosso próprio interior. A viagem para o nosso íntimo. A viagem para os recônditos mais intangíveis do nosso ser, da nossa própria ALMA. Foi também a Eletrônica, juntamente com a Mecânica que me permitiram construir um aparelho para vasculharmos o nosso passado, a nossa vida intra-uterina, as nossas vidas passadas. Conforme o leitor tomará conhecimento neste Capítulo o meu aparelho permite, rapidamente, em questão de minutos voltarmos ao nosso passado. E esta viagem interior, esta viagem maravilhosa, é fruto de muitos anos de trabalho, muita reflexão, muita meditação, muito estudo, principalmente de Einstein e de muitos físicos pós-einsteinianos. Durante anos, vivenciei um pensamento quase obsessivo para alcançar o fim almejado. Durante anos, todos os sábados e domingos, eu ia idealizando e construindo a máquina em questão. Na minha cabeça existiam, quase que diuturnamente, pensamentos sobre o TEMPO, o ESPAÇO, a MATÉRIA e a ENERGIA. Este livro é uma testemunha viva, relatando o quanto pesquisei. O leitor encontrará, na BIBLIOGRAFIA, quase cento e cinqüenta livros, em cinco idiomas, trabalhos de cientistas de inúmeros países que dedicaram o melhor de suas vidas a este tipo de pesquisa. Como disse no prefácio, sei que este assunto é bastante polêmico. Mas os resultados práticos aí estão para dirimir qualquer dúvida. Estou muito contente por apresentar o aparelho e o livro. Centenas de pessoas já foram ajudadas. Acredito que quando houver melhor divulgação destes trabalhos e vários profissionais da área puderem usar os mesmos recursos, um número extremamente grande de pessoas será beneficiado. Como apresento uma mudança de paradigma, sei que terei muita luta pela frente. Mas já dizia o poeta: "A VIDA É COMBATE QUE AOS FRACOS ABATE, MAS QUE AOS FORTES SOMENTE PODE EXALTAR".

GERALDO DE PAULA BARROS

SEMPRE CULTIVEI O INTERESSE EM inventar aparelhos para hipnotizar pessoas resistentes. Quem ler o livro de minha autoria, *Auto-Hipnose*, vai encontrar a descrição de vários aparelhos que, ao longo do tempo, fui desenvolvendo, no sentido de fazer com que um número sempre maior de pessoas fossem beneficiadas com as técnicas da hipnose.

O fato de trazer conflitos que dormitam no inconsciente, para a luz da consciência, é deveras de grande utilidade para aliviar o sofrimento de um grande número de pessoas. Já sabemos as causas que levaram Freud a abandonar a Hipnose e criar a Psicanálise. O referido autor pensava que era necessário levar os pacientes a um nível profundo de hipnose, a fim de que os traumas fossem lembrados e revividos, promovendo a "catarse", isto é, a limpeza dos mesmos.

Hoje, sabemos que mesmo a pessoa estando consciente, num "estado alterado" de consciência, torna-se possível fazê-la relembrar de vivências passadas, acontecidas na fase intra-uterina, no nascimento, na fase de vidas anteriores à vida atual.

Foram usadas técnicas que utilizam Psicodislépticos, (drogas alucinógenas), hiperventilação (Stanislav Gross e outros) que levam a estados alterados de consciência.

O enigma do tempo sempre me fascinou! Os estados transpessoais, nos quais a consciência ultrapassa o espaço e o tempo, sempre representaram um desafio vigoroso, não somente para a minha pessoa, como para todos os pesquisadores da mente humana.

Deveria haver um meio que independesse de drogas ou de hiperventilação que pudesse levar os pacientes a estados apropriados para pesquisas transcedentais.

Tendo estudado a Teoria da Relatividade percebi que não existe tempo sem espaço e vice-versa. Daí a denominação que desde Einstein vem sendo usada: Espaço-Tempo. Os dois conceitos são interligados de tal maneira que é absolutamente impossível separar um do outro.

Pensei com os meus botões: Se eu modificar drasticamente as condições espaciais de uma pessoa, eu não mudaria também as condições temporais?

Foi assim que eu construí, há seis anos atrás, o meu primeiro aparelho.

Utilizei um quarto inteiro para confeccionar o aparelho. Construí um octógono (figura de oito lados) formado por painéis de pano, com estruturas quadrangulares de madeira. Com um motor elétrico, eu fazia o conjunto girar em torno do paciente, que ficava no meio da construção, sentado numa cadeira fixa. Utilizei o referido aparelho apenas com três pessoas (voluntárias).

Logo percebi que o aparelho deveria ser mais sofisticado. O aparelho girava e os movimentos, sendo mecânicos, apresentavam grande inércia. Eu precisava de maior agilidade.

Fiz um curso de eletricidade e eletrônica a fim de aprimorar o aparelho. Agora, ao invés dos movimentos serem reais, eram conseguidos por um seqüencial que fazia com que lâmpadas coloridas se acendecem, sucessivamente, dando a impressão de movimento contínuo.

Com esta inovação, levei o aparelho para o meu consultório e consegui colocar centenas de pessoas em estado alterado de consciência.

Pessoas que não sabiam falar outros idiomas conseguiam se expressar de tal maneira perfeita que parecia um nativo do idioma.

Lembro-me de uma senhora que não sabia falar francês, mas tendo vivido uma encarnação na França, falou um francês excelente e todo rimado, pois ela se dizia poeta. Outra pessoa falou um inglês britânico com a máxima perfeição, e esta pessoa não havia estudado inglês!

Lembro-me de um caso de uma russa, que, fazendo uma regressão de vidas passadas, tal pessoa que nunca havia ouvido falar o português, nesta regressão, ela "viveu" como um garoto de favela no Rio de Janeiro. O extraordinário é que ela está falando um português "afavelado" até o dia de hoje!

No corpo do presente livro, apresento teorias da física moderna que, de certo modo, explicam o fenômeno mencionado.

No entanto, eu conseguia um resultado positivo apenas com 60% das pessoas. Botando a cabeça para funcionar, eu logo percebi que os estímulos dados às pessoas que respondiam positivamente ao aparelho eram visuais e, que, de acordo com a NEUROLINGÜÍSTICA, as pessoas podiam ser VISUAIS, CENESTÉSICAS (Nas quais o sistema sensorial mais utilizado era o das emoções, sensações, reações corporais, etc.) e AUDITIVAS.

Notei que o meu aparelho somente funcionava com as pessoas cujo principal SISTEMA REPRESENTACIONAL era o visual (o sentido que a pessoa mais usava). Daí o fato que me fez introduzir também o movimento rotatório da cadeira onde a pessoa estava sentada. Isto fez com que aumentasse muito o número de pessoas sensíveis ao aparelho. Como existem, também, pessoas cujo principal sistema é o auditivo, desenvolvi uma técnica através da qual o próprio som é emitido, de modo rotativo, em torno da pessoa.

O aparelho em questão foi patenteado em quinze países. Mas também foram patenteados aperfeiçoamentos que, dentro em breve, farão parte do aparelho.

Hubbard, o criador da Dianética, usava um aparelho chamado EMITER, o qual, conectado ao paciente, mostrava se determinada área (parte do inconsciente) já estava ou não limpa. Tal aparelho é baseado no reflexo psicogalvânico, isto é, na resistência elétrica da pele, quando atravessada por uma fraca corrente. É o mesmo processo que tornou possível o detector de mentiras.

Já está programado para ser ligado ao aparelho um sistema que indica, através de barras, no visor de um computador, se determinada área está limpa ou não. Indica, também através de estímulos verbais específicos, quais as áreas mais carregadas que devem ser primeiramente trabalhadas.

Outra inovação, que já está sendo programada, baseia-se nos trabalhos da psicóloga norueguesa, Gerda Boisen. Ela descobriu que o peristaltismo intestinal, além da função digestiva, tem também uma função de liberação de STRESS. Quando o paciente está liberando *stress*, os ruídos intestinais são específicos. Gerda trabalha com um estetoscópio colocado na barriga dos pacientes, e tem os ouvidos treinados para perceber quais os estímulos específicos que fazem liberar o *stress* e quando o mesmo está sendo liberado.

O nosso aparelho também terá esta função, só que será mais sofisticada. Os sons serão convertidos em impulsos elétricos, que serão registrados no visor do computador, sob a forma de barras.

Outro ponto também interessante, é que já há uma pessoa, especializada em informática, para informatizar completamente o aparelho. Com estas inovações, o instrumental poderá funcionar praticamente sozinho, apenas com a supervisão de um psiquiatra ou psicólogo.

O certo é que o aparelho facilitará em muito o trabalho dos profissionais.

Vejamos:

1. Pode-se conseguir o estado alterado de consciência de um a dez minutos, o que eu já demonstrei em quinze conferências.

2. Tudo que se passa, desde as reações fisiológicas até as palavras do paciente, poderá ser gravado em disquete, o que facilitará bastante a coleção de dados estatísticos, bem como o ensino das técnicas aos principiantes.

3. Um psiquiatra ou psicólogo experimentado, pode administrar de três a cinco aparelhos, monitorados por técnicos (mais ou menos como acontece nas UTIs).

4. Os tratamentos são muito rápidos. Muitas vezes, um problema específico (fobias, por exemplo) são tratados numa única sessão.

5.Depois de um treinamento específico, o usuário, poderá ser monitorado à distância por *modem*. Uma equipe especializada pode acompanhar o trabalho à distância e intervir se houver necessidade ou dúvidas do profissional usuário.

6. Com a disseminação dos aparelhos em consultórios e hospitais, poder-se-á baratear bastante os tratamentos psicoterápicos, que, atualmente, estão restritos a uma minoria privilegiada da população.

7. Pelo fato do aparelho estar baseado em teorias da mais moderna física e monitorado por informática especializada, os profissionais, médicos e psicólogos, não precisam estar constrangidos por usarem técnicas relacionadas a qualquer religião, que poderia "denegrir" a integridade dos referidos profissionais.

Capítulo 4

REGRESSÕES DESCRITAS PELO PRÓPRIO PUNHO DE UM CLIENTE

"Como todos sabem, a morte é algo que acontece às outras pessoas; para os estranhos, para os estrangeiros e para os cães. É inconcebível para você mesmo. Este livro torna concebível a admissão da mortalidade. Talvez torne essa perspectiva até excitante e atraente não a ponto de se atirar sob um ônibus, mas a ponto de relaxar na aceitação do inevitável. E a vida, aliviada desse terror, pode parecer mais agradável."

BRAGWAN SHREE RAJNEESH, NA INTRODUÇÃO DE SEU LIVRO *A Arte de Morrer.*

NAQUELA PEQUENA COMUNIDADE, EM RINCÃO, escondido entre montanhas, em terras de Espanha, as ruas são estreitas, casas com paredes de pedras que se amontoam, janelas de madeira tosca e rústica. Estreitas vielas separam as construções, todas calçadas com pedras. Pedras que já aparentam velhice, um pouco escurecidas, e em pontos recobertas pelo musgo esverdeado.

É muito forte na vida das pessoas a figura de Deus. Mas de um "Deus" crítico e cruel, que castiga sem piedade os que pecam. O "Deus" da "Santa Inquisição". Um jovem, movido por um espírito rebelde, pensava consigo que a beleza das paisagens, do céu, do amanhecer e do crepúsculo, do agradável mormaço das manhãs, e o frescor das chuvas a aplacar o calor do verão, o carinho íntimo alimentado entre pessoas afins, não se coadunavam, não combinavam com a imagem daquele "Deus" em que não se vislumbrava qualquer sinal do Amor que O levou a criar a vida. Esse jovem, com cerca de dezenove ou vinte anos de idade, amadurecia essa idéia, e comentava sobre ela com os pais, em sua humilde moradia. Os pais o advertiam sobre o perigo de pensar assim, mas o aviso não convencia aquele jovem idealista. E animado por essa "descoberta" mais íntima de Deus, pôs-se a falar sobre ela entre os jovens de suas relações de amizade.

Não levou muito tempo para que toda aquela pequena comunidade visse aquele moço, de "idéias revolucionárias", com certo receio e preconceito. Os pais buscavam afastar os seus filhos do convívio dele. Mas Sebastian — este era o nome do jovem —

gerava um certo encanto nas mentes dos de sua idade, ainda não "contamidas" inteiramente pelos dogmas religiosos da época.

Sebastian imaginava que agindo como agia, propalando a verdade tão importante que houvera descoberto, o Deus verdadeiro sempre estaria a seu lado, e iria invariavelmente poupá-lo de qualquer mal em virtude daquele comportamento.

Mas aí aconteceu o inesperado, e de forma cruel.

Sebastian, numa bela manhã, no campo um pouco mais distante da vila, estava deitado na relva, próximo a uma árvore frondosa, e fazia caricias no corpo de uma bela jovem, beijando-lhe a face e os seios, com o seu belo vestido timidamente arriado no peito para possibilitar os afagos e beijos ardentes. Era uma jovem de rosto tranqüilo, pele muita clara, boca pequena e lábios um pouco carnudos. Seus cabelos eram loiros, mas não claros, eram dourados escurecidos. Os olhos castanho-claros. Era uma moça da classe dominante na comunidade; seu pai era conhecido pelas suas grandes propriedades. Nisso contrastava com Sebastian, jovem da classe humilde daquela vila. Um e outro, ambos os jovens se entregavam a sentir os prazeres do corpo, embora timidamente: a moça se deixando ser beijada, e Sebastian beijando-a na face, no pescoço e nos seios. Repentinamente, porém, aparecem céleres em seus cavalos o pai da moça, seus dois irmãos e um vassalo. É nítido o ódio que trazem em seus semblantes carregados. Todos descem da montaria, afastam com truculência Izabel de Sebastian, e passam a agredi-lo com chutes, não lhe dando chance para levantar. Depois de alguns minutos promovendo a agressão, com Izabel ao lado, encolhida no chão, chorando, o pai sentenciou: o castigo merecido àquele jovem deveria ser decidido pela autoridade clerical.

E assim o fizeram, levando-o até uma igreja iluminada muito fracamente por poucas velas, onde apareceu a figura de um homem com cerca de sessenta e cinco anos de idade, a pele macilenta de sua face, e a cabeça coberta por uma espécie de gorro que descia cobrindo suas orelhas. Este, ciente do ocorrido, por sua vez sentenciou: era preciso castigar o demônio que habitava a alma de Sebastian. Foi ele levado por dois homens, desceu algumas escadas, e foi amarrado nas pernas e nos antebraços, numa espécie de cama com tiras de couro entrelaçadas, e inclinada num ângulo de cerca de sessenta graus. Um dos homens, então, puxava uma engrenagem esticando as tiras de couro que amarravam firmemente os braços de Sebastian. O jovem idealista estava atônito, gritava, urrava de dor, babava... até que urinou. Não havia resposta às suas súplicas, e a dor nos braços era indescritível. De repente, numa dor mais aguda, Sebastian sentiu um forte estalo do rompimento da articulação que liga seus ombros ao tronco. Ele desmaiou. A violência cessou, e o outro homem que acompanhava ao lado levou o corpo inerte de Sebastian por um corredor escuro, iluminado por algumas tochas fincadas na parede. Paredes e piso de pedras. Foi colocado no piso frio de um cômodo vazio, e pouco depois voltou aquele homem, trazendo uma tina com água fria, e despejou de uma só vez o seu conteúdo no rosto de Sebastian. Ele acordou, sentindo as fortes dores nos braços, e percebeu que seu braço esquerdo não se movia, senão suportando dor terrível.

Posteriormente, foi-lhe dito que ele estava banido da vila, e deveria partir de imediato. Levado numa carroça, onde deitado gemia de dores, foi deixado onde a estrada se iniciava. Sebastian andou um pouco, mas logo se sentou debaixo de uma árvore, e a noite começava a cair. O seu sofrimento naquele momento somente ele poderia reviver por sensações. Não havia palavras que explicassem, a um só tempo, o equívoco de sua bela descoberta sobre o Amor de Deus, pois Ele, ao invés de protegê-lo, permitiu que o castigassem; o contraste do prazer das carícias trocadas com Izabel, e a violenta interrupção daqueles instantes com a chegada de seus parentes; a tortura e a dor indescritível que ainda sentia; o banimento, a solidão, o choro convulsivo e desesperado à procura de um mínimo de alívio ou consolo que não vinham... Não se explica em palavras aquele sofrimento incomensurável.

Acabou dormindo ali, e na manhã, clareando o dia, acordou e se pôs a seguir o caminho. Era um derrotado, triste e combalido. Andou por cerca de quatro ou cinco horas, alimentando-se de pequenos frutos, até que avistou uma humilde cabana onde se alojavam algumas pessoas também banidas, todas também vítimas da tortura. Não se podia dizer que fosse uma moradia, pois ali as pessoas somente ficavam em seus cantos, algumas gemendo e se contorcendo em dores, outras se lamuriando, mas todas apenas se abrigando da chuva, do frio, enfim, formando um recanto para sobreviverem às intempéries. Pouco se falavam, e somente iam para lá para dormir. Durante o dia, perambulavam buscando o que comer. Era assim que preenchiam o tempo. Sebastian foi aceito para se alojar ali durante as noites — aliás nada era exigido para isso.

Os primeiros dias foram de terrível angústia e revolta. Sebastian se revoltou ferozmente contra aquele Deus que acreditou ser bom e amoroso. Foi então que decidiu acentuar o seu castigo. Mas ao seu jeito. Prosseguiria sendo castigado por erro tão absurdo, mas ele é quem decidiria como fazê-lo.

Naqueles primeiros dias, andando pela região, conheceu alguns jovens, filhos daquelas famílias que viviam naquela periferia da vila, exploradas ao máximo em seu trabalho, laborando na tarefa árdua do campo, desde o raiar do dia até quando a tarde esboçava ir-se. Eram como párias, explorados, vivendo para a satisfação de suas mínimas necessidades.

A riqueza produzida pelo seu trabalho era arrancada pelos seus senhores, em troca da choupana onde moravam, roupas pobres e alimentação. Não recebiam moedas; somente nada mais do que aquilo. Eram, por isso, pessoas pouco observadas na conduta moral ou religiosa pelos seus senhores, que só se preocupavam com a produção de seu trabalho explorado. E Sebastian foi conhecendo alguns jovens filhos dessas famílias, e tomou a sua decisão para prosseguir o seu necessário castigo pelo erro imperdoável: não iria abdicar por completo de seus ideais; mas os usaria como instrumento de seu suplício. Surgiu, então, a fórmula para isso: se entregaria por completo à satisfação sexual daqueles jovens. Seria deles no que precisassem para a satisfação do que gostavam sexualmente.

Naquela época, os jovens dessa periferia não recebiam qualquer educação, senão o dever de produzir e não pecar. Mas não havia fiscalização próxima, ou cuidado, se eles observavam ou não o que lhes era ensinado. Afinal, viviam para trabalhar. Foi assim que Sebastian novamente usou do "encanto" de suas idéias para se chegar àqueles jovens (em ordem cronológica — Fernando, Ferdinando e Juan), de mentes muito pouco "contaminadas" pelos dogmas repressivos de então. Puderam, assim, dar vazão às suas vontades sexuais com Sebastian. Com as mulheres eles não tinham oportunidades maiores, pois findo o trabalho sempre se recolhiam aos seus lares pela severidade dos pais; mas os jovens do sexo masculino já eram deixados mais livres, apenas se exigindo que no dia seguinte estivessem com as energias recuperadas para a nova jornada de labuta.

Sebastian se entregava a esses jovens, e até lhe davam frutas e farelo de trigo como recompensa por sua satisfação carnal. Isso sempre se passava no final das tardes, antes de cair a noite. Ao fim de aproximadamente um mês foi que Sebastian conheceu o terceiro jovem, de nome Juan, a quem serviu sexualmente, mas se revelou muito especial.

Juan não foi embora depois do ato sexual. Permaneceu para conversar com Sebastian. E, nessa primeira conversa, e nas inúmeras que se sucederam, surgiu uma grande identidade de idéias entre ambos. Juan não se servia mais de Sebastian para a sua satisfação sexual. Fê-lo somente naquele primeiro encontro; depois se recusava a compartilhar daquela situação porque não concordava com a decisão de Sebastian de continuar se castigando. Mas em tudo o mais eram como irmãos. Adoravam passear pelo campo conversando, admirando a beleza do céu, da paisagem, as árvores, as flores, a sensação de liberdade, conversas à beira do lago. Isso tudo era compartilhado quase todos os dias, e sobretudo no único dia de cada semana que não havia trabalho. Nesse dia, depois de as famílias irem à vila para as cerimônias religiosas, Sebastian e Juan iam se encontrar para alimentarem, reciprocamente, as suas almas tão semelhantes, sobretudo pelo anseio de liberdade e felicidade.

Juan era pouco mais de dois anos mais velho que Sebastian. Juan de rosto bem claro, e as bochechas levemente rosadas. Olhos azuis opacos, sobrancelhas finas, rosto vigoroso, com traços marcantes, a testa bem à mostra, e os cabelos abundantes eram bem pretos e totalmente lisos. Era de corpo com musculatura firme, mas que não revelava mais acentuadamente a força exigida pelo seu trabalho campesino. Era mais alto que Sebastian, e cerca de dois anos mais velho. E gostavam eles de conversar próximo a um lago, pouco freqüentado e conhecido pelos outros, onde ficavam numa grande paz, comungando suas dores e sonhos de liberdade e felicidade. Sebastian particularmente gostava de ver Juan nadando nesse lago. O seu corpo tão alvo; e doce nas suaves braçadas. Sebastian não o acompanhava porque o seu braço esquerdo estava irremediavelmente imobilizado em decorrência da tortura física que sofrera.

Esse cotidiano foi se repetindo: a submissão sexual aos demais jovens; a agradável companhia do amigo Juan; a dor profunda quando Sebastian se recolhia ao seu refúgio, aquele lugar escuro, triste, e com o seu sono freqüentemente entrecortado por gemidos e dores daqueles que compartilhavam aquela humilde casa de pedras. Era muito efêmera a permanência dos que ali se alojavam; logo se iam, mas outros chegavam para substituí-los.

Assim se passaram cerca de dois ou três anos. Sebastian fôra renegado pelo pai depois de seu banimento; sua mãe apenas muito raramente aparecia no refúgio, mas sempre às escondidas, para se lamuriar sobre o destino do filho e lhe levar algum alimento. Sebastian apenas temia separar-se de Juan porque os pais dele já cuidavam de escolher sua esposa.

Veio então o dia em que Sebastian já se preparava para ir ao encontro de Juan, quando outra experiência inesperada aconteceu. Um dos jovens a quem Sebastian servia sexualmente, Ferdinando, rapaz alto, ombros largos, de barba bem rala, veio noticiar que haviam acabado de encontrar o corpo de Juan boiando no lago. Tomado de uma sensação mista de incredulidade e pavor, Sebastian saiu em desabalada carreira até o lago. Correu muito, arfava de tanto esforço que empreendia para chegar logo ao local.

Chegando, a cena terrível: dois homens ainda arrastavam o corpo inerte de Juan para as margens do lago e ali foi colocado. Seu corpo estava mais alvo do que nunca, seu rosto lívido. Os homens ainda tentavam reanimá-lo, mas em vão. Juan estava morto!

Sebastian assistia a tudo do outro lado do lago. Quanta dor, quanto choro, sacudiram o corpo de Sebastian, que permaneceu ali toda aquela noite, mesmo depois de levarem o corpo de Juan, que foi colocado numa carroça, acompanhado pelo choro de seus familiares. Era 28 de janeiro de 1312. Uma manhã de sol, céu limpo, mas muito fria.

Dor interminável para Sebastian. Dia e noite, dia e noite chorando, em sofrimento que só a sensação íntima de Sebastian traduziria, pois não haveria como verbalizá-la, pô-la em palavras ou explicá-la. A dor do castigo físico, a dor do castigo moral a que se decidira Sebastian eram pequeninas, muito pequeninas, comparadas com a dor pela perda do amigo e "irmão" querido. Quanta dor; quão grande era o sofrimento! As lágrimas pareciam não ter fim; brotavam nos olhos naturalmente, sem qualquer esforço.

Sebastian retornava diariamente ao mesmo lugar onde Juan havia morrido. Chorava mais intensamente durante as tardes à beira daquele lago, por horas intermináveis. O choro se transformava em cansaço; o cansaço cedia ao sono. Por alguns dias Sebastian ficou ali, prostrado, incrédulo, revoltado, e chorava... Sebastian recusava qualquer alimento que Fernando ou Ferdinando fossem lhe levar. Percebeu que eles nutriam certa compaixão por ele. Mas aquele aceno de afeto, muito tímido, era de nenhum valor para servir de apoio à superação de tão imenso sofrimento.

Sebastian voltou à cabana de refúgio para nunca mais retornar. Definhou pela falta de alimentação, e nem Fernando ou Ferdinando iam mais com ele ter alguma conversa. Só os gemidos e as dores daquela casa de pedras, com as pessoas tristes e torturadas.

Sebastian apenas bebia alguns líquidos que lhe serviam. Foi definhando rapidamente, emagrecendo a olhos vistos, e a dor nos pulmões passou a lhe acometer. A tosse contínua, o escarro, a saliva grossa. Sebastian estava morrendo. E morreu, com cerca de vinte e cinco ou vinte e seis anos de idade... E morreu vendo uma luminosidade, e a figura de Juan. Houve ali alívio e sofrimento.

REFLEXOS DA VIDA PASSADA NA VIDA DE HOJE

— Sebastian, ainda em tenra infância, começou a se refugiar em seu mundo, de início pela timidez ("bicho-do-mato"), e alimentando um profundo amor platônico por uma moça de nome Fernanda (do 4º ano primário ao 1º colegial);

— Sebastian não suportava o curso de natação a que fora matriculado no Tênis Clube, e constantemente fugia. Seus pais então imaginaram que fosse o método utilizado pelo professor, e o colocaram em curso de outro clube (Internacional), mas sem sucesso. Sebastian sempre fugia. Até hoje, com trinta e quatro anos de idade, Sebastian não sabe nadar, e nem quer fazê-lo;

— Aos dez anos de idade, foi levado a fazer a Primeira Comunhão na Igreja Católica. Não suportava o curso. Fez a Primeira Comunhão, e nenhuma outra até hoje, com trinta e três anos de idade;

— Na adolescência, Sebastian queixava-se de "dormência" nos braços;

— Sebastian se fechou mais ainda em sua adolescência, assumindo um "banimento". Nessa mesma época abraçou fervorosamente a ideologia comunista para repartir a riqueza dos ricos entre os pobres (o explorado Juan em seu trabalho, e os senhores que enriqueciam a suas custas). Nesse mesmo período começou a perceber gosto pelo físico de seus jovens colegas de colégio. Pouco depois, teve uma crise em que não conseguia ingerir alimentos sólidos. Foi levado a médicos que não descobriram a causa. Foi tratado com medicamentos para combater o hipertiroidismo, além da prescrição de antidistônico (Dienpax);

— Alimentou um amor platônico com Marcos (sem qualquer desejo sexual, exceto servi-lo — a busca de Juan — dois anos), e que desencadeou uma crise em que não conseguia ingerir alimentos sólidos, como explicitado mais adiante, e José Luiz (dois anos);

— Mais tarde na Faculdade, alimentou novo amor da mesma natureza com Márcio (três anos), e não houve sexo em todo esse período. Mas já se esboçou desejo nesse sentido, e o mais marcante era a compulsão de servi-lo, agradá-lo com a finalidade de se identificar em sentimentos e emoções com ele. Sebastian já contava com vinte anos de idade;

— As mulheres já não eram mais pensadas, embora tivesse se apaixonado por Fernanda do quarto ano primário (1972) até o 1º colegial;

— Sebastian passou a se entregar sexualmente a Paulo. Depois dele a Eduardo, já como professor da Faculdade. Conheceu Marco Antonio no ano seguinte (1986), e voltou a alimentar o amor platônico por ele — durou cinco anos. Mas já aí se entregava a Paulo 2, Wagner, Sandro e buscava outros para servir sexualmente. Sebastian os servia literalmente; desempenhava o papel sexual sempre passivo, massageava-lhes os pés, e não tinha ejaculação. Só ejaculava sozinho, imaginando a cena em que se punha servindo sexualmente;

— A partir de 1989, iniciada a noite, Sebastian passava a beber uísque ou cerveja em quantidades mais crescentes, ou então se sentia mal em crises depressivas, que o fizeram procurar médicos que lhe prescreviam exames e, invariavelmente, ao final, receitavam calmantes (Dienpax, Lexotan, Rohypnol, etc.);

— Até quando teve a crise de não conseguir ingerir alimentos sólidos, que ocorreu quando tinha de quinze para dezesseis anos de idade, Sebastian se dizia ateu. Estava emagrecendo e ficava sempre deitado em seu quarto, e a "cura" veio quando houve a visita de um senhor espírita, que, demonstrando alguma preocupação com o quadro, disse precisar retornar no dia seguinte na companhia de outro espírita. E foi dito então, por esse outro senhor que Sebastian era "médium", tinha um "carma" a ser cumprido, mas iriam fazer um "trabalho" para que as "entidades espirituais" viessem a se manifestar somente numa maturidade. Dois dias depois da visita, Sebastian voltou a comer alimentos sólidos;

— Sebastian, aos vinte e cinco anos de idade, passou no concurso para ser julgador. Embora fincadas as suas raízes em sua comunidade (Santos), preferiu escolher para o início do seu trabalho a Comarca de São Bernardo do Campo, pois tinha medo de como poderia sua comunidade reagir em vista de seu gosto, das pessoas do mesmo sexo a quem buscava se achegar;

— Sebastian teve a primeira crise de pânico na descida da serra de Santos (o caminho entre a periferia e a comunidade).

Teve isso no ônibus quando retornava de SBC para Santos, e saiu dali diretamente para a Santa Casa, onde lhe aplicaram uma injeção de calmante (a ansiedade de reviver a tortura física);

— Sebastian buscava sempre voltar à sua comunidade. Mas o medo era tão grande que não admitia viver a sua vida integral nela. Quando pôde, pelas circunstâncias da carreira de julgador, foi para o Guarujá, cidade ao lado de Santos, quando até para ali poderia ter ido;

— Sebastian foi se envolvendo em seu processo de subserviência sexual com vários jovens. Já não alimentava amores platônicos (parece que Juan se tornara inatingível ou sem possibilidades de reencontro);

— Na medida em que essa vivência continuava, mais Sebastian bebia, agora já diariamente;

— Em 1993, Sebastian já sofria crises de pânico atravessando o mar de balsa ou barquinha (ligação Guarujá — Santos, ou "periferia — comunidade"), lugares com várias pessoas e altura. Procurou um médico psiquiatra que identificou a "síndrome do pânico", e lhe receitou Anafranil (anti-depressivo), conjuntamente com Frontal (calmante). A única das fobias a desaparecer completamente foi a da travessia da balsa, mas subsistem a "descida" da serra (principalmente na descida, não tanto na subida) e medo de lugares com muitas pessoas (?);

— A partir de 1994, Sebastian já buscava agradar sexualmente aos jovens, mas também se castigando fisicamente ou de forma moral mais intensa (chicoteado, urinar em cima dele, lamber os pés do outro, engolir o cuspe do parceiro, etc.);

— Em Guarujá, Sebastian passou a lutar por um ideal de honestidade (a pureza de seu idealismo de um Deus bom). Defrontando-se com a resistência (a relembrança guardada no íntimo da tortura física), o medo do que pensava e do que fazia, buscou novo refúgio próximo, em Santo André.

PARTE I
A VIDA PRIMEIRA QUE RESULTOU NO SUPLÍCIO — A CAUSA DO TERRÍVEL EFEITO

Sebastian, nos últimos estertores que antecederam sua morte, percebia inúmeros "filmes" passando rapidamente em sua mente. Em um deles se deteve:

Era o antigo Egito, e a cidade era Tebas. Sebastian era um sacerdote religioso, líder de alguns discípulos, e estava na faixa de quarenta anos de idade, integrante da cúpula religiosa. Foi "banido" porque lhe atribuíam a prática de sacrifícios humanos desnecessários. Embora esses sacrifícios fossem comuns, estavam sempre atrelados a agradar a um deus, para atrair boas energias, ou afastar as negativas; alimentar momentos alegres e felizes, ou abolir desgraças e infelicidades. Mas Sebastian ia mais além. Considerava que os sacrifícios, da maneira como faziam os seus colegas, estavam demasiadamente atrelados a valores que não permitiam avançar, e conhecer a essência poderosa do ato de sacrificar, que levava aos religiosos estarem mais próximos de uma verdade mais perene e eterna.

Presunçoso em suas convicções, considerava que as energias desprendidas no ato do sacrifício deveriam ser exploradas em "estudos" mais profundos para se atingir a proximidade com o Deus mais poderoso. Sebastian e os religiosos que o seguiam tinham a firme convicção de que tudo na natureza concentrava a força ou energia de um Deus. Mas a força maior, o deus mais poderoso, era revelado no homem, no momento de sua morte.

E buscavam colocá-lo à tona, mais evidente e claro, promovendo experiências concretizadas em vários sacrifícios de jovens do sexo masculino. Qual a razão? A força física do sexo masculino era insuperavelmente maior que a do sexo feminino. A juventude? Porque era o afloramento para a vida madura; a fase em que se revelava um "novo nascimento" numa mesma vida.

Sacrificavam jovens ainda no início da infância, ou no início da adolescência. Sebastian comandava os rituais, e geralmente era quem os concretizava perante a assistência de seus seguidores. Alimentava-se na vítima o temor crescente diante da morte, até chegar ao ponto adequado para o sacrifício (o "pico" da angústia). Encantavam-se com o fato de que a sensação extrema do sofrimento e ansiedade da vítima, diante da morte iminente, era substituída, com o golpe do sacrifício, por uma sensação decrescente da dor e aumento do alívio e paz. O sacrificado não morria ainda sofrendo, como seria de se esperar; mas sentindo um profundo alívio e paz.

A vítima, amarrada sobre um improvisado altar (por respeito à religiosidade presente na época), era levada, por processo psicológico, a se colocar cada vez mais terrivelmente desesperada e em sofrimento maior diante da morte. Quando seu olhar demonstrava o pânico máximo e mais intenso, era enfiada, em único golpe, a faca em seu peito. A morte não sobrevinha rápida ou imediatamente. Por vezes se arrastava a dor por considerável tempo. Mas o fato é que a dor ia diminuindo, e cedendo espaço a um alívio e a uma paradoxal felicidade da vítima. Se estava morrendo, deveria subsistir o sofrimento, mas não. Sebastian e seus discípulos observavam muito atentamente, até que, nos últimos instantes de vida da vítima, a dor cedia integralmente, e o seu último gesto e olhar eram de paz e alívio intensos. Parecia que a intensidade do sofrimento diante da morte iminente repetia a mesma intensidade do alívio. Era um encanto pela aparente contradição da morte (dor), substituir-se por novo momento igualmente intenso e aparentemente antagônico de nova vida (alegria). E a intensidade de sensações opostas era maior entre os adolescentes. Os de idade mais tenra (infância), revelavam intensidade na dor, mas pouca intensidade no alívio e alegria.

Os corpos dos sacrificados eram jogados no rio.

Sebastian e seus discípulos, em vista de tais sacrifícios, imaginavam estarem cada vez mais próximos do Deus mais poderoso. Para promoverem os "reveladores sacrifícios" não tinham morada fixa, pois temiam a ira das famílias das vítimas, já que seqüestravam os jovens sacrificados durante os finais de tarde, para vitimá-los à noite, em cerimônias a céu aberto, iluminadas pelo fogo.

Seguiam sua trajetória nômade direcionados pelos caminhos tortuosos do Nilo, e desciam em direção ao Sul.

Rumando para um novo paradeiro, sobreveio a surpresa.

Surgiram cavaleiros — não mais do que dez —, avançando feroz e rapidamente contra Sebastian e seu grupo — ele e mais quatro. Atônitos e despreparados para qualquer reação, Sebastian e os seus foram todos atingidos e mortos por lanças de seus algozes, em areias desertas, no início da noite.

A morte não veio no primeiro instante, e várias estocadas com as lanças Sebastian e seus seguidores sofreram.

REFLEXOS DA VIDA PASSADA NA DE HOJE (JÁ CUMPRIDO GRANDE TRAJETO DA PENA PELO CRIME)

— Sebastian investiga os mistérios da vida com muita humildade, submetendo-se até a processos e situações em que sua cultura é compelida a conviver com a ignorância ("centros de umbanda"), e estoicamente as vivencia;

— Sebastian não pretende "pisar em falso" nos mistérios da vida. Fica descrente em face de certas situações, mas preserva a sua fé. Não julga de forma drástica os que se enveredam em "mistificações" perante esses mistérios. Embora deboche de forma discreta, há uma compreensão íntima, e o julgamento não condena os autores das "falsidades". Apenas se afasta deles, sem rancor ou mágoa;

— Sebastian errou muito (Egito). E por isso sofreu muito (Espanha). Agora busca a sua ressurreição (Brasil), mas amando. Sentimento este que se consubstancia em Juan, símbolo da redenção. Símbolo do erro sucedido pela compreensão, da dor identificada no próximo, do sonho compartilhado, das vítimas que encontram alívio recíproco, da fé e esperanças alimentadas entre um e outro. Reencontrando Juan, ainda que somente em visões e sentimentos, ambos surgirão em evolução no caminho ao verdadeiro Deus.

PARTE II
IMPÉRIO ROMANO (O CUMPRIMENTO DA PENA)

Sebastian comanda uma cidade-acampamento militar. Era um oficial respeitável do exército romano, mas decadente em face da idade. Servia bem ao norte da Itália de hoje, próximo à fronteira com a França, em terras sob jugo do Império Romano, Sebastian é o comandante de uma centúria responsável por aquele "entroncamento" de tráfego de escravos de povos conquistados. Promove a distribuição dos escravos encaminhando-os a regiões da Península Itálica. Sua função, além disso, era adestrar os escravos ainda revoltados, impedir fugas, e castigar exemplarmente os mais rebeldes. Vinham escravos da Germânia, Gália e Hispânia.

O cenário era um ir e vir de carroças com suas traseiras montadas com jaulas de madeira. Escravos que ali se amontavam. Chicotes vibrando no dorso dos que tentavam fugir; escravos morrendo em vista de seu estado já debilitado; rostos tristes ou revoltados. Sebastian "gerenciava" essa realidade. Sebastian e os soldados satisfaziam-se sexualmente usando homens ou mulheres escravizados.

Certa ocasião, contudo, Sebastian, com cerca de quarenta e cinco anos de idade, presenciou um soldado chicoteando ferozmente um escravo. Indagado sobre seu procedimento, o soldado respondeu que o servo liderava um grupo na tentativa de fuga. Sebastian olhou o rosto daquele escravo, e seu olhar respondeu com muito ódio. Mas estranhamente estava mesclado a um sentimento de apelo, a uma ajuda em alguém que ele parecia confiar. Sebastian se viu atraído por aquela pessoa. E disse ao soldado que aquele escravo seria seu, e levou-o consigo, fazendo cessar a agressão.

O escravo, de pele mais morena, provindo de Hispânia, acompanhou o seu novo senhor com um misto de espanto e revolta. Dirigiam-se à morada de Sebastian, e o escravo ainda tentou fugir, mas foi firmemente seguro pelos braços por Sebastian, que lhe disse:

— Não precisas fugir, fica comigo, pois somente quero ajudá-lo.

Sebastian estava confuso por se apiedar tão profundamente de um escravo. Mas, mais do que isso, vê-lo como alguém com quem de alguma forma absurdamente estranha se identificava.

Chegando à morada simples de Sebastian, fez o escravo se despir e cuidou de seu banho. Cuidou também de suas feridas. Não se falavam. Ambos estavam perplexos diante de seus sentimentos: o poderoso senhor, que poderia até decidir pela morte do escravo, demonstrando um afeto inusitado para com o servo; e este, surpreso com a reação de quem lhe era seu algoz, e repentinamente admitido à sua casa comum tratamento atencioso, e até carinhoso, incompatível com a sua condição.

Os dias foram se passando, e os dois conversavam intimamente naquela casa. Perceberam entre si uma identidade mais profunda, um carinho recíproco. Então saíam a público fazendo Sebastian o efetivo papel de senhor de seu amigo. Mas se compensavam com Sebastian, dentro de casa, servindo ao escravo, preparando-lhe a comida, arrumando sua cama, e chegava até ao absurdo de massagear-lhe os pés.

Sebastian e Tibúrcio — este era o nome do escravo — satisfaziam os seus desejos sexuais com as escravas que, de vez em quando, Sebastian levava para casa. Como de costume, o nome de origem do escravo deveria ser abolido, e o seu "senhor" o chamava pelo nome de Tibúrcio.

Viviam bem. Sebastian contando sobre o seu passado, vivido em terras da Umbria, e Tibúrcio em sua vida de Hispânia.

Todavia, certa manhã Tíbúrcio acordou se queixando de dores. Sebastian percebeu que ele estava muito "quente". E vivenciou um grande dilema. Não poderia chamar o responsável pelas "curas" de seus centuriões, pois seria estranho dedicar atenção maior a um escravo. Então o próprio Sebastian cuidava de Tibúrcio, colocando sobre todo o seu corpo vários panos umidecidos com água fria. Era a "receita" dos leigos para aquele tipo de "mal". Mas pouco ajudava. Tibúrcio prosseguia sofrendo, delirando cada vez mais. Eram palavras desconexas e muito delírio. Sebastian já quase não mais dormia, em noites de vigília ao lado da pessoa querida.

(E somente agora, nesta vida atual, percebe que Tibúrcio era Juan!).

Tibúrcio morreu ao fim de três dias naquela agonia. Sebastian muito chorou, muito sofreu.

Era o Império de Galba.

Depois do sofrimento pela morte de Tibúrcio, Sebastian tentou retornar à sua vida comum. Mas não era mais o mesmo. Repreendia soldados que castigavam exageradamente os escravos, fazia vistas grossas às fugas e não se preocupava em persegui-los para recuperá-los. Era crescente a insatisfação entre os subordinados. E vieram advertências sobre seu comportamento inadequado. Sebastian procurava se aprimorar e voltar à sua eficiência, mas não conseguia. Era como se a imagem de Tibúrcio estivesse refletida em todos aqueles escravos que por aquele local transitavam. Deixava-os de certa forma fugir, impedia castigos maiores, repreendia soldados por sua crueldade...

As advertências sobre o descontentamento de Roma se avolumavam, e Sebastian já era considerado um conspirador, um traidor. Em vista disso, pensava até em abandonar o posto e se refugiar em regiões isoladas.

Mas não houve tempo. Certa manhã, vindos de Roma, um grupo de soldados comandados pelo seu oficial, apearam de suas montarias defronte à casa de Sebastian, e sem qualquer palavra o oficial se dirigiu a ele e lhe cravou uma espada no peito.

Sebastian morreu sem se lamuriar, embora profunda a dor física, mas sentiu o alívio de ter vivido com Juan um afeto verdadeiro.

REFLEXOS DA VIDA PASSADA NA VIDA DE HOJE

— Sebastian iniciou o curso colegial optando pelo de "biomédicas", sonhando em ser médico. E havia três opções. Além desta, a de "humanas" e de "exatas";

— No último ano do curso colegial decidiu seguir CARREIRA MILITAR, e por isso dedicou-se ao estudo das ciências "exatas", mais exigidas e importantes para ingressar na Academia Militar de Agulhas Negras. Na última hora, desistiu de tal intento e foi cursar Direito;

— Hoje Sebastian mora com um jovem que, ao mundo exterior, é seu empregado (registrado em carteira profissional como "caseiro"), mas na intimidade da casa se preocupa com ele como o pai se preocupa comum filho. Gosta de lhe fazer boas comidas, gosta de lhe dar presentes. E embora houvesse sexo no início do relacionamento, o desejo nesse campo não existe mais, e o ato em si de fato já não se realiza há considerável tempo. Vai para quatro anos esse convívio, e o que compraz Sebastian nesse relacionamento é acalentar o companheiro em suas dores e sofrimentos íntimos, além de — e somente — massagear-lhe os pés.

— Sebastian chegou a pensar seriamente, até bem pouco tempo, em "abandonar o posto", e ir morar e viver em regiões mais isoladas, como Porto Seguro, na Bahia, largando a carreira.

PARTE III
O SUPLÍCIO PROSSEGUE (TALVEZ O MAIS INTENSO NUMA VIDA)

Em Esparta, Sebastian foi retirado e entregue espontaneamente por sua família para compor o grupo de pessoas "especiais" destinadas a servir à defesa de sua comunidade. Ele não entendia bem o que se passava, extraído de seus entes queridos para um outro mundo, com pessoas que nunca conheceu. Tinha ele cerca de dez anos de idade. Mas a sua perplexidade era recompensada pelo orgulho do destino que lhe preparavam.

Os jovens eram desde logo informados sobre sua especial condição de servidores de sua cidade, naquilo que lhe era mais importante: a segurança contra os invasores estrangeiros. Eram educados dentro de padrões de extrema rigidez. Levantavam-se antes do raiar do dia; banhos sempre frios; cadeiras e camas em linhas retilíneas e toscas, sem permitir qualquer conforto; alimentação rica, sobretudo em cereais, mas de sabor insosso ou quase nenhum; exercícios físicos em demasia, especialmente o aprendizado de lutas e estratégias de posicionamento em campo de combate.

Uma das bases da educação rígida se estruturava na divisão dos jovens em duplas. Eles eram instruídos que, durante todas suas vidas, viveriam um dependente do outro. Seriam almas gêmeas em corpos distintos. Por isso moravam em cabanas para duas pessoas, praticavam exercícios de luta apenas entre eles; buscavam auxílio somente no parceiro, e eventuais acessos de ira apenas eram admitidos entre eles, sob pena de pesadas tarefas físicas como punição. Em tudo o que se possa imaginar, um parceiro vivia em função do outro, inclusive no campo afetivo e sexual.

Sebastian tinha como parceiro um jovem de sua idade, de rosto quadrado, nariz acentuado de linhas bem retas, cabelos e olhos negros. E como todos, tinha um corpo de compleição física forte, fruto dos tantos e diários exercícios físicos. Seu nome era Kéris; e Sebastian, nessa vida, levava o nome de Creon.

Os anos se passaram celeremente, sem qualquer grande modificação naquele cotidiano. As grandes festas aconteciam por ocasião da apresentação dos guerreiros perante os de sua cidade. Eram louvados e admirados.

Sexualmente, os parceiros também deveriam se adaptar, pois mulheres não eram admitidas em hipótese alguma, associadas que estavam a proporcionar prazeres incompatíveis com o espírito do guerreiro ideal. Creon e Kéris levaram algum tempo a se adaptarem neste campo. Nenhum dos dois suportava bem desempenhar o papel passivo da relação. Viram dentre os seus outros companheiros mais velhos que, na maioria das vezes, um parceiro, mais cedo ou mais tarde, deveria ceder àquele papel. Eram poucos os parceiros que se conformavam em assumir ambos os papéis. Quanto mais tempo resistissem, pior para ambos. Um deles, quase com certeza, estava fadado a ser o ativo. Creon preferiu finalizar os atritos com Kéris fazendo aquele papel passivo. Mas o fez com o orgulho de quem tem maior visão e preparo diante da grandeza da missão de ambos, de protegerem sua cidade, e serem destinados sempre à vitória.

Vieram então os primeiros rumores de que iriam ser chamados para o combate. O espírito daqueles jovens se agitaram em alegria, pois sempre foram preparados para isso, e não haviam tido ainda a oportunidade para demonstrar suas virtudes guerreiras. E o mais importante: de acordo com as notícias, iriam ser comandados pelo líder mais querido e respeitado.

Os dias se passaram, até que veio a ordem de que, no dia seguinte, bem cedo, eles iniciariam marcha rumo às montanhas mais altas, a nordeste, para tentar surpreender o inimigo, muito mais numeroso, e também de origem guerreira, os persas.

E assim se deu. No dia seguinte, quando o sol ainda nascia, aquele pequeno exército de cerca de três centenas de homens, em sua grande maioria jovens, como Creon e Kéris, apanhou seus apetrechos de guerra, e partiu em sua caminhada, com os homens arrumados em duas filas, lado a lado os parceiros. Eram poucos os que iam a cavalo.

Comeram alimentos leves durante uma parada no percurso, e no início da tarde sobreveio a notícia assustadora de que o inimigo soubera dos planos do comandante. E, por isso, os guerreiros deveriam prosseguir somente mais um pouco e se deterem, depois de superarem as partes mais altas dos desfiladeiros de Termópilas. Foram consolados com o fato de que reforços haviam sido chamados. Todavia, no início dos desfiladeiros, o inimigo estava presente. Eram milhares, perfilhados em linhas, e todos os que a vista alcançava estavam montados em cavalos.

Veio a ordem para se prepararem para o combate. Creon e Kéris se entreolhavam com um medo profundo — pois sabiam de alguma forma que dali não sairiam vivos —, mas externamente demonstravam grande força e segurança. Creon cuidou de preparar seu parceiro. Eles iriam compor a segunda linha, com os guerreiros armados com escudo no braço esquerdo e espada no braço direito. Este braço foi envolto pelo parceiro com vários panos no bíceps e antebraço, mantida porém a boa articulação do cotovelo. A espada foi amarrada nas mãos também com vários panos, para não cair durante o combate, como punho levemente repuxado para baixo de modo a facilitar os golpes. O parceiro que ainda restava ser preparado, era arrumado pelos outros companheiros ainda não destacados para o primeiro enfrenamento.

E nova ordem veio para formarem-se as duas primeiras filas. A primeira, composta por quarenta lanceiros; a segunda, em igual número, onde iam Creon e Kéris, com espadas e escudos. Todos a pé, sem montaria, que ficou reservada para um outro momento da batalha.

Quanta aflição no coração daqueles bravos e jovens guerreiros, que já tinham plena certeza do futuro iminente e inexorável que lhes esperava.

O inimigo, então, passou a avançar rapidamente com os seus homens a cavalo. Eram muitos. E veio então a ordem do comandante espartano para que as duas primeiras filas também avançassem. Os espartanos correram em direção aos seus inimigos, e na iminência do confronto, os lanceiros da primeira fila se agacharam com suas lanças apontadas para cima, e vários inimigos caíram, atingidos em seu próprio corpo ou em suas montarias. Mas eram muitos os persas, e com facilidade passaram com os seus cavalos por sobre os corpos dos companheiros de Creon e Kéris, que vinham logo atrás, quase na ponta extrema da linha, à direita. E o meio de sua linha foi rompido, e os guerreiros de Esparta, que estavam nas pontas, passaram a ser "empurrados" pela força dos inimigos a cavalo em direção às bordas do desfiladeiro. Creon e Kéris, lado a lado, combatiam ferozmente, buscavam, com suas espadas curtas, atingir o pescoço ou a parte inferior da cabeça dos cavalos, pois a parte maior dos animais era recoberta por muitos panos, que não permitia a penetração e o golpe desferido com a arma. Era sangue em abundância, gritos, feridos que se largavam ao chão e já logo encontravam a morte. Mas por mais surpreendente que fosse a força encontrada pelos guerreiros de Esparta, não havia efeito. O braço esquerdo de Creon já estava extenuado, segurando o escudo, impondo incontida resistência para repelir a força dos inimigos que se fecharam em semicírculo com sua cavalaria. No braço direito, encontrava forças para repetir os golpes sem parar, continuamente, sem parar... Mas em vão. Os persas conseguiam rapidamente empurrar os espartanos para a beira do desfiladeiro.

Viu-se, então, uma chama de esperança quando se ouviu o grito do querido comandante ordenando que todos os demais espartanos fossem ao combate, inclusive os que estavam a cavalo. Todavia, houve uma "chuva" de flechas que não permitiu sequer os aliados de Creon e Kéris chegarem próximos aos seus contendores. E todos se envolveram em sangrenta batalha. A maioria dos espartanos sendo pisoteada pelos cavalos dos inimigos, ou atingida pelas flechadas mortais.

Kéris e Creon, à beira do desfiladeiro, fizeram seus últimos esforços, e honraram sua cidade pela bravura e força com que se desempenharam. E caíram daquela grande altura. Durante a queda, ainda se entreolharam apavorados, e em pânico, com seus corpos se invertendo em posição, com a cabeça ficando para baixo.

Creon sentiu uma forte e aguda dor, acompanhada de um barulho terrível, batendo com a cabeça no chão.

Creon "saiu" de seu corpo físico e pôde vê-lo com a cabeça esfacelada, mergulhada em sangue, os seus braços e pernas contorcidos como um boneco desarrumado. Uma poça abundante de sangue circundava aquele corpo inerte. Um pouco mais adiante, detrás de uma pedra, Creon viu as pernas de seu parceiro também morto, imersas em sangue.

Creon somente rapidamente — e só muito rapidamente — sentiu um misto de surpresa, revolta, dor, comiseração, saudade e amor. E só muito rapidamente, porque foi logo "levado" dali.

(E só na vida atual percebe que esta foi a vida em que conheceu Juan pela primeira vez!).

PARTE IV
CONTINUA O SUPLÍCIO (DA GERMÂNIA PARA ROMA)

Bem ao sul da Germânia, onde hoje se situa a Áustria, Sebastian, ainda bem jovem, vivia com seus familiares, numa vida simples, marcada pelos hábitos de caça dos que compunham aquela pequena aldeia. A caça lhes servia como alimento, e sua pele, depois de curtida, para o vestuário. Era escassa a alimentação vegetal, em vista do forte frio que grassava na maior parte do ano.

Certo dia, porém, chegaram rapidamente os soldados romanos, e arrasaram tudo. Mataram quase todos da pequenina aldeia, e levaram meia dúzia de sobreviventes como escravos. Dentre eles estava Sebastian. Foram presos a pesados grilhões, e obrigados a cumprir, a pé, o longo percurso que os separava de seu destino: Roma. Passaram-se vários meses para finalizar a caminhada. Chegando, puderam descansar por alguns dias, o que era um alívio desconhecido a considerável tempo. Na seqüência, Sebastian e os outros na mesma condição foram conduzidos à praça do mercado para serem vendidos aos seus senhores.

Sebastian foi vendido logo no primeiro dia, e levado à casa de seu dono, Paulus. Os dias se passavam lentamente, cuidando Sebastian de serviços da jardinagem e cozinha. Paulus era rico e conceituado. Tinha muitos escravos, sua vivenda era ampla e confortável, e constantemente recebia visitas. Era pai de uma filha muito bonita, de cabelos loiros dourados, e olhos bem azuis. Fazia lembrar as jovens da pequena aldeia de onde havia sido arrancado. Mas era terminantemente proibido aos servos olhar com mais firmeza ou intimidade para os seus senhores. E foi aí que gravemente Sebastian errou. Foi surpreendido por Paulus olhando carinhosamente para sua filha, que de alguma forma retribuía lisonjeada. A reação foi terrível. Paulus passou a esbofetear Sebastian no rosto, por várias vezes, continuamente, sem parar, até que, passado alguns minutos, o escravo, sem mais suportar inerte a violência que parecia não tem fim, atracou-se contra seu agressor. Selou, ali, o seu destino naquela vida.

Ouvindo os gritos da filha, os demais habitantes da casa e os outros escravos acorreram ao recinto, e ferozmente retiraram Sebastian dali. Poucos instantes depois chegavam os soldados, que o agrediram brutalmente, e levaram-no para as temidas prisões subterrâneas.

Ali permaneceu recluso. Alimentava-se com os restos de comida que lhe eram oferecidos pelos guardas, até em estado putrefato. O ambiente era escuro, úmido e de cheiro insuportável. Não se sabia do passar dos dias, pois não se via a luz do sol. Naquele lugar esquecido por todos, Sebastian compartilhava sua imensa dor e agonia ao lado de mais dez presos. Acredita que tenha passado quase um ano naquele local de profundo martírio. Já estava fisicamente muito debilitado, sujo, imundo, vestes rotas, e a barba grande, num emaranhado de pêlos sebosos.

Então, quando pensava não existir maior sofrimento no mundo, foi conduzido para servir como espetáculo nas arenas. Quando saiu, para ser levado em uma carroça, preso a pesadas correntes, a luz do sol lhe doeu e feriu os olhos. Chegando ao local, pouco depois se abriu uma porta, e Sebastian foi truculentamente empurrado para dentro da arena. No meio dela, esperava-o seu algoz, um negro alto, forte, e armado com um tridente. À volta, em lugares mais altos, muitas pessoas gritavam e deliravam de emoção. Riam e zombavam da condição miserável e depauperada no físico de Sebastian. E então percebeu que o sofrimento pode não ter limites. O negro, com desdém, jogou sua arma no chão, e foi lentamente em direção à sua fácil presa. Passou a castigá-la com sadismo inimaginável. Batia em Sebastian com chutes e socos; mas o fazia de forma cruel, permitindo que Sebastian se recobrasse um pouco, e buscasse reagir. Reação, por óbvio, que não passava de mero ensaio para acertar um golpe no adversário. E a surra prosseguia. A turba, na platéia, jogava objetos na arena, ria muito, gritava palavras de apoio ao agressor, e já pediam a morte de Sebastian. Ele nunca pudera imaginar tanta dor física e moral. Seu corpo se ressentia em profundas dores, e o seu espírito jamais soubera de tanta humilhação, diante de tantas pessoas, que não demonstravam qualquer iniciativa de amparo àquele ser que só deambulava entre a vida e a morte.

Ao final de cerca de vinte minutos, neste doloroso processo de trucidamento. Sebastian caiu inerme no chão. Não tinha mais força alguma para sequer levantar-se. O negro, então, retornou ao centro da arena, apanhou sua arma e lentamente, gesticulando com orgulho para a frenética assistência, encaminhou-se devagar em direção à sua vítima. Olhou com soberba para ela, firmou o seu pé direito no peito de Sebastian, e cravou-lhe o tridente em seu pescoço.

Sebastian sentiu dor aguda, e rapidamente sufocou-se com o próprio sangue. Esvaiu-se daquela vida ainda ouvindo os gritos, já ininteligíveis, das testemunhas de sua morte.

PARTE V
CONTINUA O SUPLÍCIO (DA GRECIA PARA ROMA)

Sebastian, sua mulher e filho viviam muito felizes na pequena comunidade da Grécia antiga. Era um lugar aprazível, próximo ao Mar Egeu, mas separado dele por altas montanhas. Sebastian era um habilidoso artesão, nutria grande carinho por sua esposa, e especial afeto pelo seu filho de oito anos de idade.

Surgiram, então, notícias preocupantes de que os exércitos romanos estavam pela região, promovendo saques, mortes e destruição.

Ainda assim, as pessoas daquela reduzida aldeia procuravam levar suas vidas calmas e tranqüilas da mesma maneira. Quase dois meses se passaram, e a preocupação se tornou realidade. Chegaram os soldados romanos, de olhar frio, semblante vigoroso e feroz. Armados, nada disseram, e sem resistências impuseram sua vontade. Levaram consigo vários homens, dentre os quais Sebastian.

Insuportável dor o momento da separação de suas pessoas queridas. Preso a correntes com seus companheiros de infortúnio, viu, com profunda amargura e desespero, sua esposa e filho o seguirem, agarrarem-se a ele para não ir, e serem empurrados com violência pelos soldados que o acompanhavam. Diante da irremediável separação, Sebastian disse à esposa e ao filho, como consolo à suas intensas aflições, que logo retornaria. Mas seus olhares perceberam que era uma despedida sem volta. Quanto choro convulsivo sacudiu o corpo e a alma daquele homem que sempre vivera tão feliz, e desconhecia tão terrível provação de se distanciar do lugar e das pessoas amadas. Quanta dor, quanto sofrimento, quão grande vazio se abriu no íntimo de Sebastian, durante o trajeto, descendo as montanhas rumo ao mar.

E aí foi levado para um barco — que mais tarde veio saber que se tratava de barco de combate dos romanos, pelo seu tamanho menor, e de fácil movimento para realizar manobras rápidas. Ali, juntamente com os de sua aldeia, e mais os outros que lá já estavam, deveriam servir como remadores.

Partiram em direção a Roma. O trabalho era cruelmente cansativo, sobretudo pelos poucos momentos de descanso. Pararam em terras estranhas para o abastecimento do barco, e, chegando ao destino, puderam descer à terra, e Sebastian se surpreendeu com o grande número de pessoas que transitavam pelos lugares daquela cidade, e as enormes e vastas construções que podia avistar.

Prosseguiu por quase dois anos servindo nas galés, até que, em viagem de retorno a Roma, saindo da costa africana, em região onde hoje se situa Tunis, na África, Sebastian e os demais escravos sentiram o peso de sua tarefa. O barco era muito grande e pesado, e os remadores eram demasiadamente exigidos em seus esforços. Logo depois de dois dias, alguns adoeceram, mas eram cruelmente exigidos, pois na medida em que não acompanhavam o ritmo das remadas — que seguia um compasso rigoroso — eram violentamente chicoteados até reagirem. Quando não mais tinham forças, eram dali retirados, soltos de seus grilhões para morrerem no fundo daquele corredor onde ficavam os remadores, e então serem substituídos pelos poucos negros trazidos da África.

E chegou o dia de Sebastian, quando faltavam poucos dias para chegarem às terras da ilha da atual Sicília. Sentia o seu corpo muito quente, e padecia de muita sede. Mas a água só era servida nos momentos certos, em que o barco parava. Sebastian, não acompanhando o ritmo, foi severamente repreendido e, em seguida, chicoteado. Sem efeito a reprimenda, pois estava muito fraco, foi dali retirado e levado ao fundo do barco.

Já não tinha forças, e percebeu que iria morrer. Entrou num processo torturoso de delírios. Revia sua aldeia calma e tranqüila, sua esposa e filho, em cenas muito rápidas; e voltava a sentir dores profundas no corpo, e gemia em lânguidos gritos de agonia. A aflição de sua alma cedia espaço a uma confusão enorme em seu estado de espírito. Via cenas alegres, e retornava ao ambiente degradante e desolador daquela realidade. Ouvia os resmungos de outros dois remadores que do mesmo modo morriam a seu lado, e lembrava-se novamente de sua triste condição. Voltava aos momentos de júbilo pelos seus sonhos de alegria, como filho a ser educado também como respeitável artesão.

Foi muito, mas muito demasiadamente lenta a morte de Sebastian. A boca ressequida o incomodava tremendamente. A salivação era grande, talvez tentando recompor a ausência do líquido precioso. Ninguém prestava o mínimo auxílio. Ao contrário, as pessoas prosseguiam impassíveis em seus afazeres: os remadores em seu mister, os soldados a fiscalizá-los, e o compassador a bater em seu tambor.

Sebastian morreu assim, delirando. E saindo de seu corpo, logo foi "retirado" dali.

PARTE VI
CONTINUA O SUPLÍCIO (DA ÁFRICA PARA O BRASIL)

Sebastian vivia em terras onde hoje há o Congo Belga (Zaire). Tinha três mulheres e vários filhos, o mais velho com dezenove anos. O *status* de uma pessoa daquela comunidade era mensurado pelo número de mulheres que tinha, pois demonstrava força suficiente para ter mais de uma, e, principalmente mantê-la e seus antecessores vivos.

Chegaram estrangeiros frios e cruéis, mataram muita gente, inclusive os da "família" de Sebastian. Ele foi levado, com muitos outros, como escravo. Os que tentavam fugir, durante o percurso, eram implacavelmente mortos. E a sede de fugir, cedeu ao medo da morte.

Foram então todos colocados em um navio, em sua parte inferior, muito fétida. Passaram-se dias intermináveis, com vários morrendo, vômitos, odor indiscritivelmente horrível, amarrados em correntes. E não havia para onde fugir, já que só o mar os rodeava.

Chegaram em terras que hoje são da Bahia, em São Salvador, e Sebastian viu surpreendido as ruas calçadas com pedras e, negros como ele, realizando aquele trabalho.

Mas não ficou ali. Numa carroça, acorrentado a outros negros, que não falavam a sua língua, e cercados pelas madeiras que formavam uma jaula, foi "descarregado" numa fazenda onde produziam cana-de-açúcar. "Viviam" em locais onde dormiam no chão. E faziam sexo para a sua satisfação. Mas Sebastian não se conformava com isso, e só pensava em ser livre novamente. Tentou fugir. Primeiramente, foi castigado sendo amarrado num tronco durante todo o dia, e nenhum alimento ou líquido lhe foi servido.

Em vão o suplício. Sebastian prosseguia tentando fugir. Ia sendo cada vez mais rigorosamente castigado. Até que foi flagelado com cinqüenta chicotadas, amarrado no tronco, e depois lhe jogaram sal grosso sobre as feridas.

Retirado dali, ainda foi acudido pelos seus companheiros de escravidão, especialmente por uma jovem mulher negra. Mas Sebastian apenas cuidou de se "curar" para nova jornada de fuga. E ele trabalhava cortando e carregando fardos de cana.

Num desses dias de trabalho, aproveitou para largar o fardo e correu. Já era o fim da tarde, e a noite começava a cair, o que tornaria a fuga mais fácil. De fato conseguiu fugir, não foi percebido, e cuidou de passar por riachos para que o erro das anteriores fugas não se repetisse, ou seja, para que cães e pessoas treinadas não sentissem o seu cheiro ou rastros no caminho.

Porém, no dia seguinte, foi acordado pelo latido dos cães. Pôs-se a correr freneticamente, sem saber o rumo a seguir, e somente fugir. Correu, e correu muito. Ao final, extenuado e sem forças para prosseguir, caiu no chão. E logo chegaram os cães, que passaram a morder seus pés, e na seqüência os homens brancos armados. Disseram apenas que não admitiriam mais as fugas de Sebastian, e que sua morte serviria de exemplo aos demais escravos fujões. Sem mais pensar, o chefe deles direcionou uma arma de fogo, mais comprida que o revólver de hoje, e disparou contra o rosto de Sebastian, que ainda estava no chão. Uma quantidade imensa de pequenos fragmentos atingiu o rosto do escravo, que sofreu profunda dor, não conseguia enxergar nada, e sua boca se encheu do gosto do seu próprio sangue. Morreu com muita raiva.

Capítulo 5

KEN WILBER — ESPECTRO DA CONSCIÊNCIA

"Essa unidade interior de opostos é apresentada de forma extremamente clara na teoria da percepção da Gestalt. De acordo com a Gestalt, nunca percebemos um objeto, acontecimento ou figura, a não ser em relação a um plano de fundo contrastante. Por exemplo, aquilo que chamamos "luz" é na realidade uma figura de luz destacando-se contra um fundo escuro. Olhamos para o céu numa noite escura e percebemos o brilho de uma estrela luminosa, o que estamos realmente vendo — o que meus olhos de fato "absorvem" — não é a estrela em separado, mas o campo inteiro, ou Gestalt da estrela luminosa mais o fundo escuro. Por mais drástico que seja o contraste entre a estrela luminosa e seu fundo de escuridão, a questão é que sem um nunca poderíamos perceber o outro. "Claro" e "escuro" são, portanto, dois aspectos correlativos de uma única Gestalt sensória. De modo semelhante, não somos capazes de perceber o movimento a não ser em relação ao repouso, nem o esforço sem o descanso, nem a complexidade sem a simplicidade, nem a atração sem a repulsão."

KEN WILBER — *A consciência sem Fronteiras.*

TIDO COMO O PRÍNCIPE DOS psicólogos transpessoais, Ken Wilber (*A Consciência sem Fronteira*, 1979) esclarece que a linguagem é dualística, representativa. Sendo assim, não nos permite captar nem descrever o mundo tal como ele é, um universo não-dualístico.

Veja a figura a seguir:

O desenho acima é único, entretanto, do lado esquerdo

apresenta-se como convexo. Do lado direito, como côncavo. O importante é a percepção de que o côncavo não existe sem o convexo e vice-versa. Do mesmo modo, o lado direito não existe sem o lado esquerdo. O alto sem o baixo, o pequeno sem o grande, a noite sem o dia e o bem sem o mal. No ato da venda, coparticipam o vendedor e o comprador. Um não pode existir sem o outro.

A "cara" (na moeda) não existe sem a coroa, ambas compartilhando da mesma moeda.

A LINGUAGEM, além de ser dualística, é simbólica e conceitual.

Como já foi dito, não é possível encontrar o âmago, o fulcro da questão através da linguagem. Segundo Korsebinsky, (o principal lingüista da atualidade) a linguagem nos dá o mapa, não o território. Como disse Aldous Huxley, no seu livro, *As portas da percepção*, a linguagem, ao mesmo tempo que se APRESENTA COMO UMA AJUDA que nos permite aprender através dos livros, nos comunicarmos através da fala, por outro lado nos limita, pois tendemos a achar que tudo o que existe pode ser expresso por meio da linguagem.

Existe uma tribo no norte da Califórnia, cujos nativos somente têm três nomes para as cores e os tais selvagens percebem o mundo somente em três cores!

Já os esquimós, que têm mais de trinta nomes para o branco, percebem mais de trinta "tonalidades" de branco!

A tribo dos HOPI só tem o tempo PRESENTE na sua linguagem. Eles captam tudo no AQUI e AGORA não têm noção de passado e nem de futuro! Vivem no "eterno presente".

A linguagem é apresentada como uma "camisa-de-força" que nos limita enormemente. Daí que as grandes verdades (místicas) são transmitidas em forma DE MITOS, PARÁBOLAS, POESIAS, ALUSÕES e METÁFORAS.

No entender de filósofos orientais, de psicólogos transpessoais, vários teólogos e físicos modernos, existe a REALIDADE ABSOLUTA, o INCOGNOSCÍVEL, DEUS que transcende a todo o tempo, todo o espaço, toda a matéria, toda a capacidade de compreensão e de entendimento. A esta REALIDADE costuma-se chamar, entre vários outros nomes de: ABSOLUTO, TAO, VAZIO, MENTE ABSOLUTA, DHARMADATHU, SUNYATA e DEUS.

Cada vez que traçamos um limite, fazemos uma divisão e delimitamos um campo de batalha.

Segundo a GESTALT, não pode haver figura sem fundo. Quando eu concentro a minha atenção sobre uma cadeira de madeira, colocada diante de uma parede branca, a cadeira é a FIGURA e a parede é o FUNDO. Se não houver algum tipo de contraste (FUNDO), como vamos distinguir a FIGURA (cadeira)?

Os limites criam fronteiras. Naturalmente, na natureza, não existem fronteiras, limites, os quais são, obviamente, criados pelos seres humanos.

Voltando à consideração do EU e do MUNDO (lembram-se do Ouspensky?), uma fronteira universalmente aceita é a da SUPERFÍCIE DA PELE. Como o organismo humano é um SISTEMA ABERTO (substâncias entram e saem, tais como oxigênio, água, todos os alimentos, suores, dejetos, etc.), existe uma INTERAÇÃO constante entre o organismo e o mundo exterior. Quimicamente falando, os limites da pele são um tanto vulneráveis, tanto para dentro, como para fora.

Nos últimos anos, vários pesquisadores (psicólogos, psiquiatras, teósofos, físicos e cientistas de várias áreas) vêm se interessando por uma doutrina, praticamente universal, chamada "FILOSOFIA PERENE" que engloba e resume as principais filosofias-religiões orientais, dando-se uma síntese de um modo estratificado e escalonado de apresentação da CONSCIÊNCIA humana.

O autor Audous Huxley (1970), escreveu um livro chamado *Philosophia perenis* (Filosofia Perene) que nos dá excelente enfoque das filosofias orientais.

Ken Wilber, numa visão monumental, inferiu o conhecimento psicológico existente, abrangendo todas as escolas psicológicas naquilo que chamou DE "PSICOLOGIA PERENE", que é uma transposição da Filosofia Perene para a Psicologia.

Segundo Wilber, existe uma causa única, uma força universal que se projeta em diversos níveis de manifestação, tendo como analogia a energia eletromagnética. Os RAIOS X, RAIOS GAMA, LUZ VISÍVEL, CALOR (infravermelho) LUZ ULTRAVIOLETA, ONDAS DE RÁDIO E RAIOS CÓSMICOS, embora se apresentando das maneiras mais variadas, são todos oriundos da mesma energia, ENERGIA ELETROMAGNÉTICA. O que variam são os comprimentos de ondas (Os raios X e gama possuem comprimento de onda muito curto, sendo, portanto, muito poderosos. A luz visível, cujo comprimento de onda é maior, é menos poderosa. Os raios cósmicos têm um comprimento de onda inferior a um milionésimo de milionésimo de polegada. Muitas ondas de rádio têm o comprimento de onda superior a uma milha). Embora todas estas radiações sejam extremamente diferentes, na aparência, são atualmente encaradas como formas diferentes de UMA onda eletromagnética característica.

Variam os comprimentos de ondas, mas a energia eletromagnética é a mesma.

Pelo fato das diferentes radiações serem captadas por instrumentos diferentes, os cientistas do passado acreditavam estar tratando de fenômenos muito diferentes. Hoje sabemos que todas estas radiações, como já foi dito, pertencem a faixas de comprimento de ondas diferentes do mesmo ESPECTRO ELETROMAGNÉTICO.

No seu livro *O espectro da consciência* (1974), Ken Wilber faz uma abordagem pluridimensional da identidade dos seres humanos, isto é, cada nível do espectro é marcado por um sentimento de identidade individual distinto e facilmente reconhecível, que se estende por várias gradações ou faixas que vão da IDENTIDADE SUPREMA à CONSCIÊNCIA CÓSMICA até o sentimento (IDENTIFICAÇÃO) de uma identidade drasticamente estreita, a identidade egóica (do Ego, veja mais adiante). (Ver Tabela a seguir)

ESPECTRO DA CONSCIÊNCIA

SOMBRA	persona	\	sombra
			faixas filosóficas
EGO	ego	\	Corpo
BIOSSOCIAL			faixas biossociais
EXISTENCIAL	organismo	\	ambiente
TRANSPESSOAL			faixas transpessoais
MENTE———			———UNVERSO

No aspecto da Consciência temos três níveis maiores:

1. EGO
2. EXISTENCIAL
3. MENTE e os quatro níveis menores: transpessoal, biossocial, filosófico e nível da sombra

Segundo Ken Wiber, as diferentes Escolas Psicológicas enfocam diferente níveis de consciência. Como se vê, Wilber fez uma analogia entre os diferentes comprimentos de onda do SPECTRUM eletromagnético e os diferentes estados de consciência.

O autor referido interpreta que não há contradição entre as VÁRIAS ESCOLAS PSICOLÓGICAS, incluindo os diferentes tipos de psicoterapias que as mesmas acolhem. Pelo contrário, existe uma complementariedade; cada escola, trabalhando corretamente em seu próprio nível, mas apresentando grandes disparidades estruturais e funcionais com as demais escolas. Isto não significa que uma das escolas esteja certa e as outras erradas, significa apenas, que as diferentes escolas consideram diferentes níveis de um mesmo ser.

Wilber faz um estudo integrativo tanto das escolas psicológicas ocidentais como das filosofias-religiões orientais.

No referido SPECTRUM, cada nível emerge de um dualismo, REGRESSÃO/PROJEÇÃO, e assim o SELF (verdadeiro Eu) vai se restringindo, de acordo com a parte da personalidade com a qual ele vai se identificando.

Em cada nível, existem potencialidades patológicas, bem como tendências positivas em potencial.

A identificação vai desde o Universo inteiro em que — no sentido de Wiber — é designado como Mente (observe o M maiúsculo para diferençar de mente).

Da Mente deriva um mecanismo de Repressão/projeção, e, então, a consciência se limita para o organismo EXISTENCIAL, daí se limita para o Ego e deste, depois de novo mecanismo de repressão/projeção, a Mente se limita para o nível de sombra. É fácil perceber que os vocábulos "PERSONA" e "SOMBRA" derivam-se da Psicologia Junguiana.

Neste último caso, os princípios éticos, morais e valores do indivíduo são reprimidos para a região do Sombra e aquele (o indivíduo) se identifica com a Persona que é uma imagem distorcida na qual são negados e reprimidos conteúdos indesejáveis do Ego, que não são suportados pelo mesmo.

Assim: Ego = Persona + Sombra.

No entanto, é preciso esclarecer, que na "SOMBRA" convivem aspectos "ruins", "maus", indesejáveis, perversos, "pecaminosos", com aspectos "bons", "angelicais" os quais foram também alienados da consciência.

Aquelas partes do Ego que foram reprimidas e acolhidas na SOMBRA são projetadas para o exterior, sob formas ameaçadoras (mal comparando, na Psicanálise, seria a conscientização de aspectos inaceitáveis do ID, impulssionados (rejeitados) pelo Superego que, sob determinadas técnicas, emergem na consciência do Ego).

As Psicologias Ocidentais, tais como a Psicanálise, a Análise Transacional, o Psicodrama, partes da Gestalt-terapia, trabalham no sentido de tornar consciente o Inconsciente e fortalecer o Ego.

Conscientizando a Psique (o Ego), entretanto, o ser humano continua a alienar o CORPO, sendo que este e o ambiente são vistos e sentidos como hostis à existência. De acordo com SÃO FRANCISCO DE ASSIS, o Ego cavalga o pobre asno (que seria o corpo).

No NÍVEL EXISTENCIAL, também conhecido como o nível do CENTAURO (devido à figura mitológica do cavalo com cabeça humana) certas psicologias, tais como a análise bioenergética, terapia da massagem, o "Rolfing", a Hatha-Yoga, etc. trabalham no sentido do indivíduo conscientizar-se do seu corpo. A identidade se amplia, desde o Ego "situado na cabeça?" para abranger todo o corpo. O corpo é percebido como um todo. O homem se percebe como um organismo total e não como dividido entre o Ego e o corpo, ficando assim eliminada a dicotomia Psique/soma. Mas existe ainda aqui um certo nível de dicotomia (cisão, separação) entre o organismo do homem e o Universo completo. O *Self* continua alienando a totalidade do Universo e se identifica com o organismo.

NÍVEL TRANSPESSOAL

Entre o nível existencial e o nível da MENTE (identificação com a totalidade do Universo), se enquadra o NÍVEL TRANSPESSOAL.

Aqui, segundo o autor, são transcendidos os limites do corpo, a identidade transpõe a individualidade.

Não é difícil compreender que neste nível ocorrem fenômenos paranormais, isto é, a percepção extrasensorial, tais como precognição, telepatia, clarividência, viagem astral, psicocinese, etc. Aqui também se incluem as experiências no Inconsciente Coletivo de Jung.

Para se obter estes estados nos quais a consciência ultrapassa a mente individual, são utilizadas técnicas como meditação transcedental, psicossíntese (assagiole), análise junguiana, abrangendo imagens mitológicas na amplificação dos sonhos, etc.

NÍVEL DA MENTE

Neste nível, a consciência individual se dissolve inteiramente na CONSCIÊNCIA UNIVERSAL. Desaparece toda e qualquer dualidade e o Ser individual se mescla inteiramente com o Ser Universal. A Consciência individual se torna UNA com a CONSCIÊNCIA CÓSMICA UNIVERSAL. As técnicas utilizadas para este fim, são principalmente as orientais: Zen-Budismo, Cabala, Sulfismo, Cristianismo Místico, Haja-Yoga, etc.

Capítulo 6

RON HUBBARD — DIANÉTICA E CIENTOLOGIA

"Um mundo sem insanidades, sem criminosos e sem guerras — esta é a meta da Dianética. Durante milhares de anos o homem tem lutado para a conquista do universo material, mas sem saber quase nada acerca das mais importantes ferramentas, a sua posse verdadeira, a menta humana. A despeito deste obstáculo que é a ignorância, ele tem feito progressos, mas por causa desta ignorância, o homem acumulou dentro de si, não apenas penalidades, como a loucura e a doença, mas, o mais importante ainda, a ameaça de destruição de todo o seu trabalho — a guerra moderna."

L. Ron Hubbard, no livro *"Science of Survival"* (A Ciência da Sobrevivência).

L., Ron Hubbard, físico nuclear, de formação, escreveu 133 romances e 1738 contos de ficção científica. Criou a Dianética e a Cientologia.

DIANÉTICA — A denominação vem do grego (dia = através; *noos* = espírito).

Por definição, "é a tecnologia da capacidade de reabilitação do ser humano".

A Dianética foi criada no ano de 1950 e, inicialmente, inspirada no Hipnotismo.

Como todo hipnotizador sabe, e Hubbard se referiu a isto no seu livro, *Dianética e a ciência moderna da saúde mental*, quando uma pessoa é profundamente hipnotizada, isto é, levada à fase de SONAMBULISMO, o que é possível, segundo as estatísticas, em vinte por cento das pessoas, acontecem fatos interessantes:

a) Amnésia pós-hipnótica: a pessoa se esquece de tudo que disse ou fez, quando em estado sonambólico.

b) Tornam-se possíveis sugestões pós-hipnóticas, as quais o "sujet" (pessoa hipnotizada) não relaciona como que foi feito em estado hipnótico. Por exemplo: Se o hipnotista der a ordem para o sujet (em estado de sonambulismo) tirar o paletó quando ele, o hipnotista, colocar o dedo na gravata, depois que o sujet acordar, ele o fará. Mas quando perguntado porque tirou o paletó, o mesmo dará uma desculpa, como por exemplo, está fazendo calor.

Se depois que o paciente vestir o paletó e o hipnotista colocar novamente o dedo na gravata, o paciente tirará novamente o paletó e, se perguntado porque o fez, ele poderá dizer que mandou consertar o paletó no alfaiate e quer ver se o serviço ficou bem feito. E assim por diante. O recém-hipnotizado obedecerá ao comando pós-hipnóticos do hipnotista e nunca o relacionará com o fato de uma ordem pós-hipnótica. É necessário que o hipnotista desfaça a ordem.

Partindo deste e de outros fatos, Hubbard chegou à conclusão de que as neuroses (que ele chamava de "aberrações"), as psicoses (uma aberração mais profunda) e as doenças psicossomáticas (autor chegou a considerar setenta por cento das doenças como psicossomáticas). Segundo a Dianética, exceto as doenças traumáticas, viróticas etc., isto é as doenças de causa indiscutivelmente físicas, todas as demais doenças são causadas por engramas, palavra tirada do grego, que significa "gravações".

Um engrama é uma gravação que se dá quando o indivíduo está inconsciente.

Esta inconsciência pode ser devido a traumas físicos, emoções traumáticas, inconsciência por anestesia, inconsciência causada por dor profunda, etc. Segundo o autor, um engrama é algo dinâmico que contém em si, inconsciência, dor física, emoção traumática, e quando reestimulado, faz o paciente sentir-se mal.

Digamos que uma mulher foi espancada pelo marido e ficou inconsciente. No mesmo momento, passava um carro na rua, a torneira estava aberta e o marido xingou-a de uma forma horrível, numa voz muito agressiva. Cada um destes estados característicos, dor física, humilhação, impotência etc., ficou gravado na chamada "mente reativa", a qual é constituída de engramas, os mais diversos.

Ditos engramas, além de produzirem doenças (aberrações), limitam enormemente a memória do paciente. Na vida posterior desta mulher, qualquer dos estímulos acima, poderá reestimular o engrama e ela sentir-se-á mal.

Segundo o autor, a MENTE REATIVA retém engramas antes, durante e depois do nascimento. Existe a TRILHA DO TEMPO (Time Track) a qual se desloca desde a fecundação até o tempo presente.

O que impede o paciente de se lembrar de todos os eventos intra-uterinos, durante o parto, e extra-uterinos, são os engramas que obstruem a memória.

Através da Dianética, a qual possui vários recursos, torna-se possível "LIMPAR" a mente reativa, (causa de todos os males) e fazer as pessoas se lembrarem dos fatos acontecidos com ela própria ou com a mãe, durante a vida intra-uterina e da vida desde o nascimento até a época atual.

Limpando a trilha do tempo que, como já vimos, vai desde a fecundação até o tempo atual, o paciente, (o que Hubbard chamava de PRE-CLEAR) seria capaz de se lembrar de toda a vida progressa.

Além do banco de engramas o qual forma a MENTE REATIVA, existe o "banco de memórias saudáveis", livre de engramas, o qual foi chamado por Hubbard de MEMÓRIA ANALÍTICA. Segundo o autor, se limparmos todos os engramas de uma pessoa, isto é, se esvaziarmos a mente reativa, a pessoa torna-se-á CLEAR (limpa) e não necessitará mais de terapia. A pessoa tornada CLEAR, além de apresentar uma saúde perfeita, apresenta memória extraordinária.

Completando a noção de engramas, os mesmos contêm: dor física, emoções penosas, sintomas e cargas energéticas retiradas do paciente. À medida que os engramas vão se escoando (limpando), as cargas de energia aprisionadas pelos mesmos vão se liberando e entrando em circulação no organismo, o que faz com que a saúde, a memória e a inteligência do pre-clear, vão melhorando extraordinariamente.

Uma técnica obrigatoriamente usada é a da repetição. Solicita-se ao paciente para repetir várias vezes, quatro, cinco, dez ou mais vezes os eventos carregados de sofrimento, dor física ou de emoção traumática. Por intermédio desta prática, os engramas vão se escoando e o pre-clear vai se tornando clear. Este modo de tratar foi se espalhando pelos EUA e pelo mundo.

Até a segunda edição do citado livro sobre Dianética, a técnica já estava divulgada (e usada) por aproximadamente trinta países, inclusive o Brasil.

Ao invés da hipnose, a técnica da Dianética utiliza o que foi chamado de "REVERIE", palavra francesa que se refere ao sonho acordado.

Segundo o autor, o paciente não deve, de maneira alguma, ser hipnotizado profundamente (ficar inconsciente). No estado de REVERIE (que é um estado alterado de consciência), o paciente fica num estado de RETORNO (Hubbard) que é um estado especial, no qual o paciente volta ao passado e sente poderosos "PERCÉPTICOS" (visão, audição, tato, etc.).

No tempo em que foi desenvolvida a técnica mencionada e escrito o livro em questão, as técnicas e os conhecimentos sobre hipnose ainda eram precários. No meu livro, *Auto-hipnose*, desenvolvo as diferentes teorias e conceitos que procuram explicar a Hipnose, desde a antiguidade até a época atual.

Segundo Torres Norry, um inovador das técnicas e da nomenclatura hipnóticas, nos anos 50 e 60, havia uma escalada na produção do transe hipnótico, começando-se pelo relaxamento muscular generalizado, tremores palpebrais, movimentos involuntários até que na fase número dezessete já há o sonambulismo.

De acordo com a concepção de Milton Erickson, um dos que deram origem à Neurolingüística, pode-se conseguir a Hipnose sem os processos clássicos utilizados anteriormente. Segundo este autor, existem várias técnicas segundo as quais pode-se "hipnotizar" uma pessoa sem que ela esteja dormindo (o próprio criador da palavra Hipnotismo, o inglês James Braid, quis mudar o nome pelo fato do fenômeno não se referir ao sono), ou mesmo sem qualquer tipo de inconsciência. Muitas vezes sem nem mesmo saber, ou ter a mínima idéia do fato, estivemos em estado alterado de consciência (o que hoje é considerado uma forma de hipnose).

Segundo a Dianética, existe uma Lei, um princípio fundamental, seguido por todos os seres vivos, que é a SOBREVIVÊNCIA. A sobrevivência é dividida em quatro dinamismos:

PRIMEIRA DINÂMICA: O impulso do indivíduo para atingir o mais alto potencial de sobrevivência do Eu e seus simbióticos "qualquer entidade de vida ou energia que auxilia o indivíduo em sua sobrevivência".

SEGUNDA DINÂMICA: O impulso do indivíduo para atingir o mais alto potencial de sobrevivência em termos de SEXO, ter filhos, criá-los e educá-los.

TERCEIRA DINÂMICA: O impulso do indivíduo para atingir o mais alto potencial de sobrevivência em termos de GRUPOS, seja social, político ou racial e os simbióticos dos referidos grupos.

QUARTA DINÂMICA: O impulso do indivíduo para atingir o mais alto potencial de sobrevivência em termos de HUMANIDADE e seus simbióticos.

O CLEAR é motivado por todas as quatro dinâmicas e não por apenas uma.

Segundo a Dianética, o homem lida com o universo finito que é constituído de MATÉRIA, ENERGIA, ESPAÇO, TEMPO e VIDA.

Mais tarde, ao desenvolver a CIENTOLOGIA, Hubbard substituiu a palavra "VIDA", por THETA, uma letra grega, indicando que além dos quatro elementos fundamentais, matéria, energia, espaço e tempo, dos quais se constitui o homem, existe, na constituição do ser humano, uma parte atemporal e independente do espaço (Espírito?) que foi chamada de THETA.

THETA, quando em relação com o corpo humano (a pessoa viva).

THETAN, quando independente do corpo humano.

Segundo a Dianética, ainda na fase intra-uterina, o feto pode conter cem a duzentos engramas. Com os recursos da Dianética, torna-se possível limpar os engramas pré-natais. Os engramas se dispõem em cadeias (lembrando o Sistema COEX de Stanislav Grof).

Por exemplo: Há uma cadeia de perdas, dor física, dor moral, humilhações, etc.

É função primordial do terapeuta (o qual é chamado de AUDITOR, por HUBBARD) encontrar o primeiro engrama de cada cadeia o qual é chamado "básico-básico". Quando este engrama é desprendido, o trabalho de limpar os engramas pós-natais fica bastante facilitado.

Em setembro de 1988, tive a oportunidade de estar, num congresso de Terapias Alternativas, com psiquiatras americanos que praticaram, durante anos, as técnicas da Dianética. Um deles, o dr. FRANK A. GERBODE resolveu praticar durante o dia, a psiquiatria convencional e durante a noite, a Dianética. Segundo este psiquiatra, como ele nos relata em seu livro, *Beyond psychology*, (Além da Psicologia), o seu trabalho com a Dianética foi muito mais proveitoso e deu melhores resultados que a psicoterapia convencional. Este fato fez com que o dito terapeuta criasse, baseado na Dianética, porém de conformidade com a psicologia mais recente, uma nova escola psicológica, praticamente desconhecida no Brasil, a METAPSICOLOGIA.

Capítulo 7

EDITH FIORE

"Se um homem de uma civilização anterior à nossa, um grego da Antiguidade, digamos, ou um romano aparecesse de súbito entre os seres humanos do presente, suas primeiras impressões o levariam a considerá-los uma raça de mágicos, de semideuses. Mas fosse um Platão ou um Marco Aurélio e se recusasse a ficar deslumbrado ante as maravilhas materiais criadas pela tecnologia avançada e examinasse a condição humana com mais cuidado, suas primeiras impressões dariam lugar a uma grande consternação. Notaria logo que o homem, não obstante o imponente grau de domínio sobre a natureza, possui um controle muito limitado sobre o seu interior. Perceberia que esse mágico moderno, capaz de descer ao fundo do oceano e de projetar-se até a lua, é, em larga medida, ignorante do que se passa nas profundezas do próprio inconsciente e incapaz de se elevar aos luminosos níveis da supraconsciência, tornando-se cônscio do seu próprio SELF."

ROBERTO ASSAGIOLI, NA INTRODUÇÃO DO SEU LIVRO:
O Ato da Vontade.

PSICÓLOGA AMERICANA. ESCREVEU O LIVRO *já vivemos antes.*

Na introdução do seu livro, a dra. Edith nos relata que foi criada freqüentando várias igrejas protestantes, desde a Holandesa Reformada até a Episcopaliana.

Embora filha de pais muito religiosos, não se lembra de terem lhe comunicado a respeito de outras vidas. Freqüentou o colégio Mount Holyoke. Manteve-se agnóstica até entrar em contato com vidas anteriores dos seus clientes através da regressão hipnótica. Nas universidades em que estudou, a dra. Edith Fiore nunca ouviu falar em reencarnação.

Sentiu-se atraída pelos trabalhos de Freud, embora os professores não os apreciassem muito.

Durante os anos que trabalhou em Miami e depois em Saratoga, chegou à conclusão de que os problemas atuais dos seus clientes tinham como causas fatores subconscientes, muitas vezes decorrentes de acontecimentos completamente esquecidos.

Passando por uma experiência Psicanalítica, percebeu que o fato de trazerem material do subconsciente para a consciência é uma modalidade de tratamento muito útil. Notando que a psicanálise era um processo caro e lento, começou a se interessar pela hipnose. Achou estranho que nas universidades e na sua formação terapêutica nunca falaram em hipnose, apenas Freud havia começado com a hipnose e depois a abandonara.

A British Medical Association, em 1955, e a American Medical Association, em 1958, sancionaram oficialmente a hipnose e até sugeriram que ela fosse incluída nos cursos oficiais. O interessante é que eu fundei a Associação Mineira de Hipnose Médica e Odontológica em Belo Horizonte, em 1957.

A dra. Fiore tomou contato com técnicas sobre hipnose no Esalem Institute, em Big Sur, Califórnia, num seminário de fim de semana, acerca da Auto-Hipnose.

Aquele seminário mudou o rumo da sua vida. Começou a ensinar a auto-hipnose a seus clientes e os resultados foram interessantíssimos.

Entusiasmada com a aplicação prática da auto-hipnose, entrou para a American Society of Clinical Hypnosis, para a San Francisco Academy of Hypnosis e para o International Congress os Hypnosis. Depois de muita preparação em cursos e seminários, sentiu-se absolutamente apta a aplicar as técnicas hipnóticas nos seus pacientes e notou que tratamentos que duravam anos, pelas técnicas tradicionais, apresentavam resultados positivos em semanas ou meses.

Notou, impressionada, que pela regressão hipnótica podia, às vezes, localizar traumas consideráveis de problemas acontecidos nos primeiros anos de vida. Depois, passou a pesquisar dos primeiros meses e até o nascimento. A seguir, passou a pesquisar traumas ocorridos na vida intra-uterina. Chegou, por fim, à conclusão de que muitos problemas tinham origem em vidas passadas.

No livro citado, a autora discorre acerca de doze casos analisados. Percebi que desde a primeira ou segunda sessões, ela já começa a ensinar aos seus pacientes a auto-hipnose. No meu caso, todos os pacientes começam a aprender a auto-hipnose desde a segunda sessão. Uso o Método de Shultz modificado. Uso, além disto, técnicas inspiradas na Haja-Yoga.

A dra. Edith Fiore, depois de hipnotizar levemente e às vezes mais profundamente os seus pacientes, mas mantendo-os sempre conscientes, ela convidava-os a irem ao passado e se recordarem de algum acontecimento que tivesse a ver com os sintomas atuais.

Diferentemente das técnicas do dr. Netherton e das que eu uso, a dra. Fiore faz regressões mesmo que a pessoa tenha apenas curiosidade de saber o tipo de indivíduo que foi nas vidas passadas. O dr. Netherton, vários autores e eu próprio, só nos utilizamos da regressão para fins terapêuticos e nunca para matar a curiosidade das pessoas. Passemos a palavra à dra. Fiore:

"Oh, gostaria apenas de saber quem eu fui", e a terapeuta responde:

"Neste momento, apresento um 'menu' contendo vários tópicos, entre os quais o 'Sujet' fará a seleção.

Exploração de uma encarnação anterior com um sócio? Com um membro da família? A descoberta de uma vida em que um talento ou uma habilidade estiveram mais altamente desenvolvidos? A primeira encarnação na terra? A última encarnação na terra? Uma vida como um indivíduo do sexo oposto? Se você teve algum passatempo ou interesse especial, tal como fascínio por vasos vitorianos, pelas invasões francesas, carros de corrida, barcos à vela, então, talvez, queira investigar as suas origens. Segundo a autora (e praticamente de todos os que fazem regressões a vidas passadas), às vezes uma dor de cabeça atual pode estar ligada a vários eventos do passado nos quais a pessoa foi ferida na cabeça ou morreu por golpes na cabeça.

Pessoas que às vezes têm dificuldade de emagrecer, embora tenham feito todos os tratamentos, muitas vezes passaram fome ou morreram de fome numa encarnação anterior.

No livro *You have been here before*, (Publicações Euro-América Ltda., 1978), a dra. Fiore, muitas vezes, descobriu que os pacientes já tiveram outras vidas convivendo com as mesmas pessoas. Citou um caso em que uma paciente conviveu com o atual marido, em várias situações, em encarnações passadas. De modo geral, muitas pessoas fazem referências, mesmo sem serem perguntadas, se tiveram relações, em encarnações anteriores, com pessoas com quem convivem agora.

Eu mesmo tive um caso no qual a sogra tinha um ciúme doentio da nora, a ponto de fazer com que o casal se separasse. A paciente percebeu que numa encarnação anterior a sogra havia sido esposa da pessoa que atualmente era seu filho.

Diferentemente da técnica que eu utilizo, a dra. Fiore não faz com que o paciente repita o mesmo trauma várias vezes até esvaziá-lo. Na minha técnica, na Dianética e na técnica do dr. Netherton, o mesmo trauma é repetido até perder a força, isto é, até o paciente conseguir contá-lo sem a menor emoção. Na Dianética, às vezes, o trauma é repetido mais de dez vezes.

Na página final do seu trabalho, a autora nos confessa que deixou de ser agnóstica e que agora tende a confirmar as religiões orientais, onde está presente o conceito de CARMA.

Outro fato importante é que a dra. Fiore sempre busca traumas e faz questão de que a pessoa relate a sua morte em cada encarnação considerada.

Capítulo 8

DRA. HELEM WAMBACH

"Embora Deus esteja presente em toda parte, Ele só está presente para ti na parte mais profunda e central da tua alma. Os sentidos naturais não podem nem unir-te a Ele; na verdade, tuas faculdades interiores de entendimento, vontade e memória só podem procurar alcançar a Deus, mas não podem ser o local da Sua habitação em ti. Existe, porém, em ti uma raiz ou profundeza da qual emanam todas estas faculdades, feito linhas que partem de um centro, ou feito galhos que partem do corpo da árvore. A essa profundeza dá-se o nome de centro, fundamento, fundo da alma. Tal profundeza é a unidade, a eternidade — eu diria quase a infinidade — da tua alma; pois é tão infinita que nada pode satisfazê-la, nem dar-lhe descanso senão a infinidade de DEUS.*"*

WILLIAM LAW — CITADO NO LIVRO, *A Filosofia Perene*, DE ALDOUS HUXLEY.

EM 1978, A PSICÓLOGA HELEN WAMBACH escreveu um livro intitulado, *Reliving Past Lives* (Recordando Vidas Passadas, Editora Pensamento).

A dra. Wambach, trabalhando no Centro Médico MOUNMOUTH, em Long Branch, New Jersey, passou, em 1966, por uma experiência tão intensa que decidiu comprovar se a reencarnação é fato ou fantasia.

A experiência foi a seguinte: Ao subir as escadas de um velho museu que a levava ao andar superior, sentiu uma forte sensação de ser transportada a outro tempo e a outro lugar. Ao entrar na biblioteca, quando deu por si, estava com um livro velho e embolorado nas mãos. Ela sentiu, de maneira automática e intensa, que o livro já havia lhe pertencido (numa encarnação passada?). Quando abriu o livro, uma cena se tornou muito nítida: a dra. Wambarch, transvertida em outra pessoa, atravessava um campo, montada num burro e o mesmo livro, que ela tinha agora nas mãos, estava apoiado na parte dianteira da sela. Ela escreveu: O sol me queimava as costas e as minhas roupas eram comuns. Eu sentia o animal mover-se debaixo de mim enquanto continuava sentada na sela, profundamente absorta na leitura do livro que descrevia a experiência de um ministro que estava em estado de coma, ou seja, no estado intermediário entre a vida e a morte. Eu parecia conhecer-lhe o conteúdo, antes mesmo de virar as páginas.

Segundo a Psicologia Clássica, a dra. Wambach passava por uma experiência do "déjà vu".

Entretanto, a referida psicóloga realizou, durante dez anos, mais de duas mil (2000) sessões hipnóticas a vidas passadas, com hum mil e cem pessoas, a fim de responder à própria dúvida: existe a reencarnação?

A intenção primordial e todo o projeto do seu trabalho era a de constatar se REALMENTE existe a reencarnação. Ela usava a hipnose individual e, principalmente, em grupo.

A autora estudou, estatisticamente, em primeiro lugar, uma série de oitocentos e cinqüenta casos e, posteriormente, uma série de trezentos e cinqüenta casos.

Inicialmente a dra. Wambach se inspirou no livro de Edgar Cayce, um famoso MÉDIUM americano que hipnotizava a si próprio, fazia diagnósticos e dava receitas (certa feita, o medicamento receitado pelo médium ainda não havia sido lançado e era mantido sob completo sigilo pelo laboratório, que, intrigado, julgou ser um caso de espionagem industrial).

A dra. Helen, ao hipnotizar as pessoas em grupo, pedia a elas que escolhessem uma determinada data entre cinco períodos: de 1850, 1700, 1500, 25 d.C. e 500 a.C.

Primeiramente, depois de fazer a indução hipnótica nos grupos, pedia a eles que fossem ao período escolhido e que deixassem o subconsciente levá-los a uma encarnação dentro do período que tivessem optado.

A psicóloga fazia uma bateria de perguntas entre as quais estavam incluídas:

— Classe social;

— Cor da pele;

— Sexo;

— Tipos de roupas usadas;

— Tipos de calçados usados;

— Tipos de pratos usados (louça, cerâmica ou metal);

— Tipos de alimentos ingeridos;

— e, sobretudo, o tipo de morte que a pessoa teve.

Cada pessoa era levada a três reencarnações, em seminários que duravam quase o dia todo. Os pacientes levavam lanches e colchonetes.

Posteriormente, a dra. Wambach chegou a prolongar o tempo até dois mil anos antes de Cristo.

No seu livro, a autora nos mostra pelo menos nove gráficos abrangendo as experiências de mil e cem pessoas hipnotizadas.

Dos seus pacientes, apenas quarenta e sete teriam vivido no século XX.

Para dar uma idéia da organização das tabelas, vamos falar apenas da tabela número 1, que diz respeito a classes sociais através dos tempos:

TABELA 1
As classes sociais através dos tempos

Período de tempo	Classe social	
2000 a.C. SUPERIOR — 5%	MÉDIA — 28%	INFERIOR — 67%
1000 a.C. SUPERIOR — 5%	MÉDIO — 34%	INFERIOR — 61%
500 a.C. SUPERIOR — 6%	MÉDIA — 30%	INFERIOR — 64%
25 d.C. SUPERIOR — 3%	MÉDIA — 22%	INFERIOR — 75%
400 d.C. SUPERIOR — 3%	MÉDIA — 20%	INFERIOR — 77%

E assim vai até o século XX.

O mesmo esquema a dra. Helen usou para todos os outros itens, como alimentação, roupas, tipos de vasilhame, etc.

A psicóloga visitou museus, estudou História, fez pesquisas antropológicas, etc. Finalmente chegou à conclusão que dos mil e cem casos estudados, apenas onze não se ajustaram ou não combinaram com os costumes da época.

Algo interessante a assinalar é que até o ano 700 d.C., todos os garfos eram de apenas três pontas e depois do referido ano, os garfos passaram a ser descritos pelos pacientes como tendo quatro pontas.

As conclusões às quais a autora chegou são de que existem fortes argumentos para se considerar a reencarnação como uma realidade e não como fantasia.

Capítulo 9

MORRIS NETHERTON

"No fundo de cada homem residem esses poderes adormecidos; poderes que o assombrariam, que ele jamais sonhou possuir; forças que revolucionariam a sua vida se despertadas e postas em ação."

ORISON SWETT MARDEM

EM JULHO DE 1982, APRESENTOU SEU trabalho sobre vidas passadas no III CONGRESSO INTERNACIONAL de PARAPSICOLOGIA e PSICOTRÔNICA, realizado no Rio de Janeiro.

O primeiro Seminário realizado no BRASIL foi na cidade de Itapira, São Paulo.

Em 1983, o dr. Netherton esteve mais vezes em São Paulo para ministrar seminários sobre vidas passadas.

No seu livro *Past lifes in theray*, lançado nos EUA em 1979, o mesmo nos dá uma idéia precisa da teoria e prática do seu método, que por sinal nos faz lembrar bastante a terapia da DIANÉTICA, desenvolvida pelo físico nuclear, L. RON HUBBARD, em 1950.

A Dianética, seguida depois pela Cientologia, do mesmo autor, provavelmente deve ter inspirado o dr. Netherton no desenvolvimento das vidas passadas. Se tal não aconteceu, quando o psicólogo americano desenvolveu a sua técnica, os princípios gerais da Dianética e da Cientologia estavam tão disseminados nos EUA, que o dr. Netherton deve ter captado e desenvolvido a sua técnica com a sua mente supersensível nos depósitos do inconsciente coletivo (o que acontece com bastante freqüência na pesquisa científica).

Em poucas palavras, o método consiste no seguinte:

O inconsciente detecta e conserva tudo aquilo que aconteceu na vida humana. Não apenas após o nascimento, mas durante o nascimento, na vida pré-natal, como também nas vidas passadas.

Existe um padrão de comportamentos, sentimentos e atitudes, que se repetem cronicamente, em cada reencarnação. Existe uma relação bastante forte entre a morte de uma encarnação anterior e um pré-natal posterior. Os acontecimentos marcados por dor intensa, emoção penosa, humilhação, etc., ficam conservados e inter-relacionados de reencarnação em reencarnação (segundo a Dianética engramas que contém dor física, emoção penosa e inconsciência).

O dr. Netherton, do mesmo modo que Hubbard (cadeia de engramas) e Stanilav Grof (terapia Holotópica), considera que os sofrimentos impingidos e reprimidos numa reencarnação podem ser reestimulados em reencarnações posteriores. Quando o dr. Netherton recebe um paciente, ele anota cuidadosamente certas palavras repetitivas ou fora do contexto, que o paciente apresenta e o faz repetir, várias vezes até esvasiar o conteúdo patológico do trauma. O mesmo autor, quando publicou o livro, já lidava há dez anos com a técnica e nos esclarece que três situações sumamente importantes devem ser trabalhadas: Período pré-natal, o nascimento e a morte. Deve-se repassar (fazer o paciente repetir o episódio), quantas vezes forem necessárias para apagar as sensações desagradáveis ocorridas durante o trauma.

Capítulo 10

OUSPENSKY

"Na ciência, o mundo invisível é o mundo das pequenas grandezas e, por estranho que pareça, também o mundo das grandes quantidades. A visibilidade do mundo é determinada pela escala. O mundo invisível é, por um lado, o mundo dos microrganismos, das células, do mundo microscópico e do mundo ultramicroscópico; além disso, há ainda o mundo das moléculas, dos átomos, dos elétrons, das "vibrações" e, por outro lado, o mundo das estrelas invisíveis, dos sistemas solares, dos universos desconhecidos. O microscópio expande os limites da nossa visão numa direção, o telescópio, noutra. Mas ambos aumentam muito pouco a visibilidade em comparação com o que permanece invisível. A física e a química nos mostram a possibilidade de investigar os fenômenos em quantidades tão pequenas e em mundos tão distantes, que nunca serão visíveis para nós. Mas isto apenas fortalece a existência de um enorme mundo invisível em redor do nosso pequeno e visível mundo."

P.D. OUSPENSKY, *Um Novo Modelo de Universo.*

NO FINAL DO SÉCULO PASSADO (1888), saiu a primeira edição do livro *Tertium Organum* de autoria do filósofo e matemático russo, Pietro Davinovich OUSPENSKY, doze anos antes dos primeiros acontecimentos que tornaram possível a TEORIA QUÂNTICA (entre 1900 e 1925 desenvolvida por diversos físicos) e dezessete anos antes da formulação da TEORIA DA RELATIVIDADE RESTRITA, (1905, elaborada por um único homem, ALBERT EINSTEIN).

Sabe-se que no livro *Organum*, escrito por ARISTÓTELES, foram formuladas leis, segundo as quais as pessoas pensam (no entendimento do filósofo grego). Noutro livro, intitulado *Novum organum*, de BACON, que apresenta leis, segundo as quais os objetos podem ser conhecidos.

Mas no livro, *Tertium organum*, o terceiro cânone (critério, forma) do pensamento, citando o filósofo KANT, Ouspensky esclarece: "Tomemos como realidades dadas (e não deduzidas ou formuladas), apenas a existência do 'mundo e da vida psíquica', da consciência de mim mesmo e do mundo, do EU e do MUNDO".

Para começar, Ouspensky achava que não estavam convenientemente definidos, a contento, os conhecimentos de ESPAÇO, TEMPO, CAUSALIDADE, VELOCIDADE, etc.

Kant estabeleceu que tudo que é conhecido pela mente humana o é em função do espaço e do tempo. Sem um e outro não podemos conhecer nada através dos sentidos.

Ainda mais, Kant estabeleceu que a extensão no espaço e a existência no tempo NÃO são propriedades pertencentes às coisas (objetos), mas sim propriedades da nossa PERCEPÇÃO SENSORIAL.

Fora do conhecimento sensorial das "coisas", elas existem sem pertencerem às categorias de ESPAÇO e de TEMPO, as quais são categorias da nossa percepção.

Embora as "coisas" existam fora do espaço e do tempo, nós não as podemos perceber fora dessas categorias.

IMPOMOS aos objetos as categorias de espaço e de tempo que, na realidade, são condições da nossa percepção.

Segundo o IDEALISMO DOGMÁTICO, de BERKELEY, citado por Kant, todas as coisas, todo o mundo e as verdadeiras causas das coisas só existem enquanto nós as conhecemos. O mundo seria um REFLEXO, uma PROJEÇÃO da nossa mente.

Segundo o IDEALISMO CRÍTICO, assim denominado por Kant, as coisas existem fora de nós, mas não as podemos perceber "EM SI", e que tudo o que percebemos é de nossa própria criação, "produto do EU cognisciente". Independentemente dos nossos sentidos, não conhecemos nada do mundo.

Ainda mais, "a ignorância das coisas em si mesmas não depende do nosso conhecimento insuficiente, mas deve-se ao fato de que, pela nossa percepção sensorial, não podemos conhecer corretamente o mundo".

Ouspensky, inspirando-se no filósofo, físico e matemático, HINTON, o qual escreveu os livros, *A Nova Era do Pensamento* e a *Quarta Dimensão*, partiu para uma concepção própria e muito interessante, levando em conta a GEOMETRIA ESPACIAL.

Ouspensky pergunta: "Será que o espaço é constituído apenas de três dimensões?"

Muitas realidades, capazes de ocasionarem efeitos importantes, tais como pensamentos, sentimentos e idéias, não existem nas três dimensões, mas REALMENTE existem.

Existem fatos físicos e metafísicos: "Uma moeda é um objeto físico, mas o valor aquisitivo da moeda é um fato metafísico. Um livro é um objeto físico, mas o conteúdo do livro é um fato metafísico".

"Geometricamente e cognitivamente, existe uma diferença imensa entre um PONTO e uma linha, uma superfície e um objeto tridimensional (sólido)."

"Um ponto que se move no espaço, o faz numa dimensão não contida nele, pois o ponto (geometricamente) não tem nenhuma dimensão. A marca deixada pelo percurso do ponto define a reta. A RETA é uma figura de UMA dimensão."

Quando se move uma linha no espaço, numa direção não contida nela, isto é, numa direção perpendicular à mesma, obtemos na marca da passagem da linha a SUPERFÍCIE, ou seja, uma figura de DUAS DIMENSÕES.

Se movermos a superfície numa direção perpendicular à mesma (não contida nela), obteremos um SÓLIDO (corpo tridimensional), na marca deixada no espaço.

Para obtermos um corpo tetradimensional (de quatro dimensões), por analogia, haveríamos de mover o sólido numa direção não contida nele?

"A LINHA pode ser considerada como um número infinito de pontos."

"A SUPERFÍCIE pode ser considerada como um número infinito de linhas."

"O SÓLIDO, um número infinito de superfícies."

Poderíamos, por analogia, considerarmos um corpo tetradimensional como um número infinito de corpos tridimensionais? O ESPAÇO TETRADIMENSIONAL COMO UM NÚMERO INFINITO DE ESPAÇOS TRIDIMENSIONAIS?

Um outro modo de pensar:

A LINHA é limitada por PONTOS, é a distância entre dois pontos.

A SUPERFÍCIE é limitada por LINHAS, é a distância entre duas linhas.

O SÓLIDO é limitado por SUPERFÍCIES, é a distância entre superfícies.

"Seria possível que o ESPAÇO TETRADIMENSIONAL fosse a distância entre um grupo de sólidos, separando esses sólidos, e ainda, ao mesmo tempo, unindo-os em algum conjunto inconcebível para nós, embora pareçam separados um do outro?" (Ouspensky)

"Sendo o ponto uma secção da linha, a linha, uma secção de uma superfície e a superfície uma secção de um sólido, não poderíamos conceber um sólido, como uma secção de um corpo tetradimensional?"

Existindo uma direção não contida no sólido (cubo, por exemplo) e se fizéssemos o SÓLIDO deslocar-se nesta direção (não contida no sólido) obteríamos a quarta dimensão?

EXISTE sim, e esta direção é o TEMPO.

Todos os objetos, plantas animais e as pessoas, se deslocam no tempo. Vem do passado, passam pelo presente e se projetam no futuro.

O tempo é a quarta dimensão do espaço. E, como Einstein postulou, o tempo não pode ser separado do espaço.

O que existe é o CONTINUUM TETRA-ESPAÇO-TEMPORAL. Citando novamente Kant, Ouspensky continua: "Kant considera o tempo, como faz com o espaço, como uma força subjetiva da nossa subjetividade, isto é, diz que nós CRIAMOS o tempo como uma função do nosso aparelho receptor, para a comodidade de perceber o mundo exterior. A realidade é contínua e constante, mas, para tornar possível a percepção dela, devemos dividi-la em momentos separados, imaginá-la como uma série infinita de momentos isolados, dos quais só existe um único para nós. Noutras palavras: percebemos a realidade como se fosse através de uma abertura estreita e o que vemos através dessa abertura, denominamos PRESENTE.

O que vimos e não vemos mais agora, denominamos PASSADO.

O que, positivamente, não vemos, mas estamos esperando, FUTURO.

PASSEMOS AGORA PARA O MUNDO DAS ANALOGIAS E DAS METÁFORAS

Suponhamos um SER que vive num espaço unidimensional.

O mundo deste SER constitui-se numa LINHA.

O Ser de um mundo unidimensional somente poderá andar para a frente ou para trás. Tudo o que se situa fora desta linha (a qual é o seu Universo), para o SER unidimensional, será considerado tempo (veja a argumentação mais adiante).

O universo do SER bidimensional seria o PLANO (a superfície).

O interessante é que o "mundo" do ser bidimensional só teria COMPRIMENTO e LARGURA, não teria altura.

Tais seres seriam manchas e os fenômenos ocorridos o seu mundo, seriam bastante estranhos.

Por exemplo: Quaisquer que fossem as formas dos ditos seres, (triângulos, quadrados, círculos, etc.) somente seriam vistos como linhas pelos seres do mesmo plano (devido ao fato de que para perceber a forma, seria necessária uma terceira dimensão, o que não existiria para eles).

Se uma pessoa que "vive" na terceira dimensão (como nós) colocasse o dedo no plano (Universo) dos seres bidimensionais, para eles constituiria um milagre, uma aparição, vinda não se sabe de onde. E, se de repente, tirássemos o dedo da superfície (mundo) dos referidos seres, haveria um milagre (uma desmaterialização).

Uma cadeia seria constituída apenas de um quadrado. Os seres não poderiam escapar do quadrado, por lhes faltar a terceira dimensão.

Se um humano colocasse as pontas dos cinco dedos no plano dos bidimensionais, eles veriam cinco traços (nem poderiam ver cinco círculos, falta-lhes a terceira dimensão) e, nem de longe, seriam capazes de imaginar que aqueles cinco traços são as pontas dos dedos de seres que vivem numa dimensão superior a deles.

Outra consideração importante: Se pegássemos uma roda com riscos coloridos em vários diâmetros, assim como os raios de uma roda de bicicleta, cada um de uma cor diferente. Puséssemos a dita roda perpendicularmente ao plano dos bidimensionais, fazendo o centro da roda coincidir com o nível do plano destes seres, aconteceria o seguinte:

"Cada diâmetro colorido que coincidisse como plano, seria visto e interpretado como algo, uma 'coisa', que, no momento da coincidência, seria sentida como estando no PRESENTE."

Suponhamos que fosse o risco de cor vermelha. Ao girarmos o disco em torno do seu eixo, o diâmetro vermelho (a coisa vermelha) seria substituída por outro diâmetro, digamos, o verde.

O curioso é que, para a percepção dos seres bidimensionais, a coisa vermelha teria ido para o passado, enquanto a "coisa verde" estaria no presente. Na falta da terceira dimensão, esta seria considerada como TEMPO.

Se continuássemos a girar o disco, as cores "coisas" iam se sucedendo e sempre a cor já passada seria interpretada como passado, a cor "coisa" atual, como presente e a cor que viria a seguir, como futuro.

No caso da roda dar uma volta completa, quando voltasse a primeira cor (vermelho), os bidimensionais interpretariam como sendo coisas ou fatos recorrentes, como nós, seres de consciência tridimensional, interpretamos a passagem da primavera, verão, outono e inverno.

Vê-se e então que o que é TEMPO numa dimensão inferior, torna-se espaço na dimensão imediatamente superior.

Analogamente, para seres cujas consciências estejam focalizadas na quarta dimensão, o que para nós é percebido como tempo, para eles (da quarta dimensão) é percebido como espaço.

Capítulo 11

EINSTEIN — NOÇÕES RUDIMENTARES DA TEORIA DA RELATIVIDADE

"Mais do que qualquer outra coisa, a ciência era a vida, a devoção, o refúgio e a fonte de abstração de Einstein. Para se compreender o homem é necessário seguir-lhe os caminhos científicos de pensamento e ação. Mas isso não é suficiente. Einstein era também um talentoso estilista da língua alemã, um amante da música, um estudioso da filosofia. Era marido, pai e padrastro. Era judeu. E é uma lenda."

ABRAHAM PAIS — *Sutil é o Senhor. A ciência e a vida de Albert Einstein.*

DENOMINADO "O PAI DA FÍSICA moderna", Einstein deu um significado ao ESPAÇO e ao TEMPO, profundamente diferente do que havia feito Isaac Newton, trezentos anos depois que este último cientista emitiu os seus famosos postulados, que regeram o conhecimento da física, pelo menos três séculos.

Como um salto de gigante, Einstein removeu noções fundamentais da ciência física, que nem sequer foram imaginadas pelos cérebros mais privilegiados, e com isto quebrou modos de pensar, aparentemente inatacáveis, mediante conceitos inéditos, liberando o pensamento humano de limitações até então inabaláveis.

"Os antigos navegadores não ousavam ultrapassar as Colunas de Hércules, pois imaginavam que além delas, somente existiria um mar bravio habitado por monstros horríveis."

"Colombo, um navegador aventureiro e intrépido, ultrapassou as Colunas de Hércules, demonstrando que além delas, ao invés de monstros terríveis e mares tenebrosos, havia terras verdes, férteis e maravilhosas."

Assim também Einstein ousou fazer com a ciência física, com as suas Teorias da Relatividade Restrita e Geral, uma demolição de inúmeros mitos e descortinou um universo de repercussões magníficas e inesperadas para os cientistas, incrédulos e admirados, do começo do século XX.

Os postulados de Newton diziam:

a) "Há um tempo real, absoluto, que se escoa uniformemente em virtude de sua própria natureza, independente de qualquer circunstância exterior."

b) "Há um espaço absoluto que permanece sempre o mesmo, em virtude de sua própria natureza, independente de circunstâncias externas. Este espaço é imóvel."

Segundo Newton, tempo e espaço eram considerados como duas entidades reais, coisas físicas que existiam independentemente da percepção mental do homem e livres de condições impostas de fora.

Numa palavra: tempo e espaço eram absolutos e completamente independentes um do outro.

Resumindo: a Relatividade deriva da noção de que tudo no universo é relativo.

Nas próprias palavras de Einstein: "A separação do tempo e do espaço é uma teoria ilusória porque eles se interpenetram intimamente. Isolá-los é mutilar o pensamento porque o tempo e o espaço não são coisas separadas, mas são relativas um ao outro e elementos constitutivos de uma síntese mais profunda. Assim o tempo, não menos que o espaço, forma a essência das coisas. Ele não é uma parte supranumerária à atividade das coisas. É fundamental à sua constituição".

No pensamento de Einstein, tudo é medido em relação a uma outra coisa, assim sendo, é relativo a esta outra coisa. Nada é isolado, separado. Nada é uma ilha.

Uma outra afirmação da Relatividade, é que, ao invés de existirem apenas três dimensões habitualmente percebidas, existem, na realidade, quatro dimensões, a saber: COMPRIMENTO, LARGURA, ALTURA (ou profundidade) e TEMPO, como quarta dimensão. Uma vez que o tempo não pode ser separado do espaço, o que existe é o "CONTÍNUO QUADRIMENSIONAL ESPAÇO-TEMPORAL.

Em termos práticos: Consideremos um assalto acontecido na Avenida São João (esta será, analogicamente, a primeira dimensão). O assalto referido ocorreu próximo à Avenida Ipiranga (segunda dimensão). Deu-se no quarto andar de um edifício (terceira dimensão). Às quatro horas da tarde (quarta dimensão).

A RELATIVIDADE DO MOVIMENTO RETILÍNEO UNIFORME

Se uma pessoa está sentada num trem em movimento retilíneo e uniforme, com as cortinas fechadas, e sem nenhum solavanco, a pessoa não perceberá que o trem está em movimento (a não ser que haja aceleração ou desaceleração, mas aí, o movimento já não seria uniforme). O mesmo ocorre com um passageiro de um avião nas mesmas condições. Se você está num trem ou metrô parado e olha um trem ou metrô em movimento, passando ao lado, você terá a nítida impressão que a sua condução é que está em movimento. Quantas vezes, você parado num sinal de trânsito e o carro ao lado dá marcha à ré, e você, pensando que o seu carro está andando para a frente, pisa no freio?

Para se perceber um movimento, torna-se necessário um referencial, isto é, um objeto de referência.

Outra experiência: Se uma pessoa está colocada exatamente no meio de um navio e joga uma bola em direção à proa (parte da frente do navio) e, ao mesmo tempo, joga uma bola em direção à popa (parte de trás do navio).

Para a pessoa que arremessou as bolas, à mesma velocidade, as mesmas (bolas) chegarão ao seu destino, mais ou menos, ao mesmo tempo.

Uma outra pessoa que estivesse colocada, em terra firme, numa direção lateral ao movimento do navio, perceberá que a bola que foi para a proa (frente) do navio movimentou-se mais rapidamente, pois, à sua velocidade, somou-se a velocidade do navio.

Por outro lado, a bola arremeçada para a popa movimentar-se-á mais lentamente e chegará depois, pois a sua velocidade será a sua própria velocidade menos a velocidade do navio.

Isto quer dizer que as percepções serão diferentes segundo o índice referencial, isto é o local em que o observador se encontra.

Não percebemos o movimento da terra em torno do seu próprio eixo porque nos movemos com ela.

Nem percebemos o movimento da terra ao redor do sol (30.000 km/seg), porque nos movimentamos juntamente com ela.

Mais um exemplo: Se uma pessoa parte da região posterior de um trem em movimento e se dirige para o carro-restaurante que fica à frente do comboio, para ela, a mesma andará, digamos, oitenta metros, isto em relação ao trem.

Porém, em relação a uma pessoa parada, isto é, estacionária, à beira da ferrovia, a pessoa que foi ao restaurante, andou cento e sessenta a cento e oitenta metros (de acordo com a velocidade do trem). É fácil compreender que, para a pessoa parada, a pessoa que foi ao restaurante andou o seu percurso mais o percurso avançado pelo trem, no mesmo espaço de tempo. Daí as diferenças de percepções decorrentes das posições referenciais dos observadores.

NÃO EXISTE SIMULTANEIDADE DE MOVIMENTOS

Se acertarmos um relógio, rigorosamente, com outro relógio, e um deles for colocado em movimento rapidíssimo, o tempo do relógio em movimento se atrasará (na verdade se encolherá) em relação ao relógio estacionário. Esta experiência foi comprovada por intermédio de satélites artificiais.

Se um irmão gêmeo viajar num foguete espacial a uma velocidade, digamos à metade da velocidade da luz e o outro irmão se mantiver na terra, tempos depois, quando o irmão viajante retornar à terra, encontrará o seu irmão gêmeo envelhecido. Isto ocorre devido ao fato de o tempo se escoar vagarosamente para o irmão que viaja à grande velocidade, enquanto o tempo passa rapidamente para o irmão que ficou estacionário.

OUTRO PONTO IMPORTANTE A ASSINALAR é que, segundo a Teoria da Relatividade, uma régua em movimento muito rápido, sofre um encurtamento (ou contração) no sentido do comprimento da mesma. Para uma pessoa que acompanhasse a referida régua no seu movimento, a mesma pareceria não se encolher, devido ao fato de os órgãos de percepção do observador acompanhante mudarem-se também, com relação à velocidade alcançada.

Em vista disto, significa que cada pessoa ou cada coisa tem o seu próprio tempo. Não existe, como pensava Newton, um tempo absoluto, universal. Não há acontecimentos simultâneos.

Com as complexas fórmulas de Einstein e com as posteriores experiências que vieram comprovar a veracidade das referidas equações, o mundo se tornou completamente diferente das concepções que dele tínhamos anteriormente a Einstein.

Outro fato importante é que segundo a Teoria da Relatividade, a velocidade da luz, que é de 300.000 km/s, é a velocidade limítrofe, a velocidade máxima alcançada no Universo.

Acreditava-se na existência de um fluido ideal, extensível, imperceptível, idealizado por Fresnel, no início do século passado, o ÉTER.

Em 1881, Albert A. Michelson, perito da marinha dos EUA, em licença, efetuou em Potsdam, valendo-se de um aparelho idealizado pelo mesmo — o INTERFERÔMETRO — medidas na velocidade da luz no sentido do movimento da terra e no sentido transversal a este movimento. A experiência tinha por meta a demonstração prática do arrastro do pretenso éter, efetuado pelo movimento da terra. O resultado da experiência foi negativo, isto é, verificou-se que não existe o tal éter. Muitos cientistas famosos, tais como Maxwell e Lorentz, duvidaram do resultado da referida experiência, pois o conceito da existência do éter estava por demais infundido nas considerações dos cientistas da época.

Para dirimir as dúvidas, Michelson tornou a repetir a experiência, desta vez, auxiliado pelo químico Edward Williams Morley, em 1887, desta vez na Case School of Applied Science, em Cleveland. Então, fora alguns renitentes, a maioria dos físicos aceitou o resultado da nova experiência.

Contudo, diante de tal resultado, os físicos ficaram aturdidos, pois do mesmo modo que o som necessita de um meio para se propagar (o ar); a luz, também, necessitaria um meio para se propagar e, na concepção geral este meio seria o preterido éter.

Com a sua habitual perspicácia, Einstein logo percebeu que a velocidade da luz é sempre constante, seja ela emitida por uma fonte estática ou em movimento.

Einstein verificou também que a massa de um objeto variava com a velocidade do mesmo. Se a velocidade era grande, comparativamente com a velocidade da luz, a massa do corpo em movimento aumentava.

Sempre nos referindo a grandes velocidades, a MASSA, o COMPRIMENTO e o TEMPO do corpo (em movimento) variavam proporcionalmente à velocidade do mesmo.

Através da equação $E = MC^2$, onde a energia é igual à massa multiplicada pelo quadrado da velocidade da luz, pode-se prever que imensas energias podem ser liberadas por pequenas massas.

Segundo cálculos precisos, temos:

a) Um grama de qualquer substância, se fosse completamente transformada em energia, daria o equivalente a 2500 (duas mil e quinhentas) toneladas de carvão.

b) 500 g de qualquer substância, convertida em energia, daria quinze bilhões de cavalos-força-hora, ...faria funcionar um fogão elétrico por um período de 25 a 50.000 anos, ou impulsionaria um automóvel por 180.000 voltas ao redor da terra!

Finalmente as explosões de Iroshima e Nagasaki mostraram a veracidade de tal transformação!

QUANTO À GRAVITAÇÃO, O MODO DE PENSAR DE EINSTEIN DIFERE FUNDAMENTALMENTE DO DE NEWTON:

Segundo Newton, "a matéria atrai a matéria na razão direta da massa e na razão inversa do quadrado da distância". Não é uma lei errada, caso contrário os cálculos feitos para avaliar as velocidades e as posições dos planetas estariam errados.

O que Einstein mostrou de extremamente diferente é a natureza intrínseca do fenômeno da gravidade. Como a matéria cria uma curvatura no espaço, aquilo a que se chama gravidade nada mais é do que a direção de um corpo seguindo a linha geométrica proporcional a esta curvatura.

Tanto é assim que Einstein previu a curvatura dos raios solares, nas imediações do sol, o que foi totalmente comprovado nos eclipses de 1919 e 1922. Os resultados das medidas efetuadas pelos astônomos e astrofísicos bateram completamente com os cálculos matemáticos de Einstein.

As leis de Einstein são válidas para grandes velocidades. Para pequenas velocidades, as leis de Newton são perfeitamente válidas.

Gostaria de me prolongar bem mais em considerações interessantes, acerca da relatividade, porém, como o atual livro é sobre regressão e não sobre física, a contra gosto, abstenho-me de escrever mais sobre o assunto.

Para finalizar, apenas gostaria de informar que, em decorrência do espaço ser curvo e não eucridiano (plano), Einstein concluiu que o universo é ILIMITADO, porém FINITO.

CRONOLOGIA E ALGUNS DADOS BIOGRÁFICOS

— 1876, 8 de agosto. Casam-se em Cannstatt, Hermann Einstein e Paulina Kock que viriam a ser os pais de Einstein;

— 1879, 14 de março, às 11:30, sexta-feira, na Bahnhofstrasse, 135, nasce o primeiro filho do casal, Abert Einstein, na pequena cidade alemã, ULM;

— 1880, 21 de junho, a família Einstein muda-se para Munique;

— 1881, 18 de novembro. Nasceu Maria, irmã de Einstein (cujo apelido era Maja);

— 1882. Einstein, devido ao fato de demorar muito a falar, foi considerado retardado mental pelo pai;

— 1884. Aos cinco anos de idade, o garotinho Einstein, ganha uma bússola do seu tio Jakob, irmão mais novo de Hermann. Einstein fica fascinado pelo fato da agulha da bússola apontar sempre para o norte;

— 1895. Dos seis aos treze anos, Einstein recebe aulas de violino. Sonatas preferidas: Mozart e Beethoven;

— 1886. Einstein freqüenta a Escola Elementar de Munique;

— 1889. Encontra-se com o estudante de medicina, Max Talmud, que lhe proporciona livros como, *Livros populares sobre ciência física*, de Berstein, *Força e matéria* de Buchner e *Crítica da Razão pura de Kant*;

— 1891. Einstein ingressa no Ginásio Luitpold, depois de completar o curso primário. Ainda neste ano, o jovem Einstein lê o *Livro Sagrado de Geometria* e apaixona-se pela matéria;

— 1891 a 1895. Einstein aprende por si mesmo matemática superior, incluindo os Cálculos Diferencial e Integral;

— 1892. Data em que deveria fazer o "Bar Mitzvar" da tradição judaica, não o faz;

— 1894. Enquanto Einstein permanece em Munique para completar os estudos, sua família muda-se para a Itália, porque os negócios (oficina de eletromecânica) não estão indo bem. Na Itália, estabelecem-se primeiro em Milão, depois Pávia e retornam a Milão;

— 1895. Einstein remete um primeiro trabalho intitulado "Uma investigação sobre o estado do éter num campo eletromagnético", a um seu tio, Caesar Kock, residente na Bélgica;

Na primavera deste ano, Einstein, obtendo uma licença médica, vai visitar a família em Pávia, Itália;

Não tendo grande aptidão para matérias tais como História e Geografia, porém sendo um excelente aluno em Física e Matemática, Einstein é reprovado no exame de admissão do Instituto Politécnico de Zurique. Ainda neste ano, freqüenta a Escola Cantonal de Aarau, aconselhado pelo diretor do Instituto Politécnico, pelo fato de ter feito excelentes provas de Matemática e Física;

— 1896. Einstein, mediante um pagamento de três marcos, recebe um documento segundo o qual deixa de ser cidadão alemão;

— Neste mesmo ano, faz novos exames para o Politécnico de Zurique e é aprovado. No decorrer do curso, apaixona-se por uma moça, sérvia, loira, de olhos azuis, chamada Mileva Maritsch;

— 1899. Einstein, em 19 de outubro, requer formalmente a cidadania Suíça;

— 1900. Einstein recebe o diploma do Instituto Politécnico de Zurique. Entretanto, devido à perseguição do prof. Weber, não consegue ser admitido como professor do referido instituto;

— 1901. Einstein torna-se cidadão suíço em 21 de fevereiro.

Devido aos pés chatos e varizes, em 13 de março é declarado isento do serviço militar;

— 1902. Em 21 de fevereiro, Einstein chega a Berna, sobrevive com o dinheiro de aulas dadas de física e matemática. Por intervenção de um colega e amigo, Grossmann, Einstein consegue um emprego, como perito técnico de terceira classe da repartição de patentes em Berna.

Ainda neste ano, casa-se com Mileva Maritsch;

— 1904. Nasce Hans Albert, seu primeiro filho, a 14 de maio;

— 1905. Em 17 de maio, conclui o artigo sobre O QUANTUM DE LUZ E O EFEITO FOTOELÉTRICO, que lhe valeu o Prêmio Nobel (em 1921).

Termina a tese de doutoramento, "Sobre uma nova determinação das dimensões moleculares", aceita em julho.

Em 11 de maio entrega o artigo sobre movimento Brauniano.

Em 30 de junho entrega o primeiro artigo sobre a RELATIVIDADE RESTRITA.

Em 27 de setembro entrega o segundo artigo sobre Relatividade Restrita, onde aparece a relação $E = MC^2$.

Em 19 de dezembro apresenta um segundo artigo sobre movimento brauniano;

— 1907. Einstein descobre o Princípio da equivalência para sistemas mecânicos uniformemente acelerados e estende o princípio aos fenômenos eletromagnéticos. Neste ano, preiteia um lugar de docente privado na Universidade de Berna;

— 1909. Einstein termina, respectivamente em março e outubro, dois artigos sobre a teoria da radiação do corpo negro. Modernamente os artigos teriam a ver com a Complementariedade e o Princípio da Correspondência. Pela primeira vez, Einstein apresenta, em outubro, uma conferência em Salzburg.

Ainda neste ano, assume a cátedra de Física do politécnico de Zurique e nasce o seu segundo filho, Edward;

— 1910. Naja, a irmã de Einstein, casa-se com Paul Winteler e Einstein termina um artigo sobre a Opalescência Crítica;

— 1911. Einstein é nomeado pelo imperador Francisco José, catedrático da Universidade Karl-Ferdinand, em Praga, a partir de 1º de abril;

— 1912. Einstein volta novamente a lecionar no Politécnico de Munique, desta vez, como catedrático de Matemática Superior;

— 1913. Einstein divorcia-se de Mileva Maritisch. Neste mesmo ano, Einstein, proposto por Max Plank e outros cientistas, recebe o cargo de Diretor do Instituto Germânico de Física, de membro da Academia de Ciências Prussiana e de professor de Física da Universidade de Berlim;

— 1914. Contrai matrimônio, pela segunda vez, com a sua prima, Elza, filha do seu tio Jakob;

— 1915. Einstein apresenta a teoria da Relatividade Geral.

Neste mesmo ano, subscreve um manifesto aos europeus, o seu primeiro manifesto político, no qual incita os europeus amantes da cultura a juntar-se à Liga dos Europeus. Em fins de junho e princípio de julho, Einstein profere, em Gottingen, seis conferências sobre a Relatividade Geral;

— 1916. Einstein entrega à revista ANNALEN DER PHYSIK a primeira exposição sistemática da relatividade geral, mais tarde publicada como o primeiro livro de Einstein;

— 1921. Einstein é agraciado com o Prêmio Nobel.

Também neste ano, Einstein viaja aos EUA, pela primeira vez;

— 1922-1924. Aumenta a perseguição nazista aos judeus e Einstein sofre violências e humilhações;

— 1925. Einstein visita o Brasil e pronuncia conferências na Academia Brasileira de Ciências e no Clube de Engenharia do Rio de Janeiro.

Roquete Pinto é o seu cicerone e o grande cientista visita pontos pitorescos da "Cidade Maravilhosa", inclusive o Pão de Açúcar. Acha o Rio deslumbrante. Visita também Buenos Aires e Montevidéu;

— 1930. Subscreve o manifesto para o desarmamento mundial da Liga Internacional das Mulheres para a Paz e Liberdade. Viaja aos EUA, pela segunda vez;

— 1933. Os nazistas sobem ao poder, em 30 de janeiro, e a situação fica caótica para a população judaica. Certa vez, Einstein estava ministrando uma aula na Universidade de Berlim, um jovem hitlerista levantou-se e, aos berros, convidou os colegas a saírem da aula. Einstein, inutilmente, com toda a tranqüilidade, tentou acalmar os estudantes. Não conseguiu. Aos gritos, eles bradavam de modo imbecil e agressivo:

— "A teoria da Relatividade é um engano judeu, é apenas uma fraude absurda."

— "É uma teoria comunista e bochevista!"

— "Uma mentira deslavada!"

— "Uma teoria anti-alemã! É uma traição aos destinos da Alemanha!"

— Percebendo que com esta bagunça seria impossível continuar a aula, Einstein pegou as anotações e saiu tranqüilamente da aula;

— 1934. Einstein embarca para os EUA, desta vez, em caráter definitivo.

Torna-se diretor da Escola de Estudos Avançados, em Princeton;

— 1936. Ano da morte de sua dileta esposa, Elza;

— 1939. Em 2 de agosto, pressionado pelos professores Leo Szilard e Eugene Wigner, Einstein escreveu para o presidente dos EUA, Franklin Delano Roosevelt, alertando com relação a possibilidade de Hitler fabricar uma bomba (atômica) de excepcional poder destrutivo. O presidente dos EUA teria que se antecipar e ordenar aos cientistas que estavam nos EUA a fabricarem tal artefato, o mais depressa possível. Como argumento, Einstein disse que as reservas de urânio dos EUA eram em pequena escala. Havia bem mais urânio no Canadá e na Checoslováquia, que, depois de cair nas mãos de Hitler, parou de exportar tal minério, sinal evidente de que Hitler estava tentando fabricar a bomba;

— 1940. No dia 7 de março, Einstein escreve, pressionado, por colegas, nova carta ao Presidente Roosevelt pedindo que se acelerasse o processo de fabricação da bomba atômica. Nega-se, entretanto, a participar nos trabalhos de construção da mesma;

— 1941. Os EUA, depois do desastre de Pearl Harbor, entram na guerra contra os países do Eixo (Japão, Alemanha e Itália);

— 1942. O cientista atômico, Fermi, amigo de Einstein, realiza a primeira reação atômica em cadeia;

— 1943 e 44. Ultimam-se, em Los Álamos, os preparativos da Bomba Atômica, dirigidos pelo físico Oppenheimer;

— 1945. Einstein trabalha, juntamente com outros cientistas, para que a bomba não seja usada, depois que a bomba é detonada com êxito total no deserto de Alamogordo;

No dia 6 de agosto de 1945, a primeira bomba atômica é lançada do bombardeiro, "Enola Gay", comandado pelo coronel Tibbets, sobre a cidade japonesa de Hiroshima, às 8:14 de um belo dia de sol. Cem mil pessoas morreram. O artefato media 3,28 m de comprimento, 80 cm de diâmetro e pesava 4400 kg, ficando assim, definitiva e desastrosamente provado que $E = MC^2$. Ironicamente, na bomba estavam escritas as palavras: "Little Boy" (o garotinho) e a senha mandada pelo comandante para a direção do Projeto Manhattan (que projetou e fabricou a bomba) foi, "The boy was born" (O garoto nasceu) (veja comentários psicológicos, no capítulo deste livro a respeito do autor Stanislav Grof sobre o trauma do nascimento.)

Na solidão da sua casa, Einstein chorou ao ouvir a notícia pelo rádio. Chorou também e, como pacivista militante, envergonhou-se ao ler na manchete de um jornal, um "elogio" à sua pessoa chamando-o de "O Pai da Bomba Atômica".

No dia 9 de agosto, outra bomba atômica arrasa Nagasaki matando mais cem mil pessoas.

— 1946. Einstein escreve uma carta aberta à Assembléia Geral das Nações Unidas, estimulando-a a formar um governo mundial;

— 1948. É comprovado, cirurgicamente, que Einstein é portador de um grande aneurisma na aorta abdominal.

— 1954. Dá-se o derradeiro encontro entre Einstein e Nills Bohr, em Princeton.

Einstein sofre de anemia hemolítica.

— 1955. Aos 18 de abril, à uma e quinze, Einstein falece. A primeira pessoa a chorar a sua morte foi uma garota, sua vizinha e amiga, a quem Einstein ensinava a fazer os exercícios de matemática. Nem é preciso dizer que a garotinha tirava sempre dez!

Para que o leitor se familiarize mais com Albert Einstein, como pessoa, seguem-se algumas frases proferidas pelo famoso cientista:

"Deus não joga dados com o mundo."

"O Senhor é sutil, porém não malicioso."

"Não existe nenhum caminho lógico para o descobrimento das leis elementares — o único caminho é a intuição."

"Deus é a Lei e o Legislador do Universo."

"Sem a convicção de uma harmonia íntima do Universo, não poderia haver ciência. Esta convicção é e continuará a ser a base de toda a criação científica. Em toda a extensão dos nossos esforços, nas lutas dramáticas entre as velhas e as novas concepções, entrevemos a ânsia eterna de compreensão, a intuição inabalável da harmonia universal, que se robustece na própria multiplicidade dos obstáculos que se oferecem ao nosso entendimento."

"Se eu, em algum livro, disse o que não é verdade, não estou disposto a brigar com Deus porque não fez o mundo assim como eu disse."

"Saber que existe algo insondável, sentir a presença de algo profundamente racional, radialmente belo, algo que compreendemos apenas de forma rudimentar — é esta a experiência, a atitude genuinamente religiosa. Neste sentido, e neste sentido somente, eu pertenço aos homens profundamente religiosos."

"A paz é a única forma de nos sentirmos realmente humanos."

"Gerações vindouras dificilmente acreditarão que tenha passado pela terra, um homem como Mahatma Gandhi."

Capítulo 12

FÍSICA QUÂNTICA

"A consciência não pode ser confinada a conceitos egocêntricos de si mesma. A identidade existencial tem utilidade prática para enfrentar a tarefa de viver no mundo tanto quanto a física newtoniana é útil para construir pontes. Entretanto, a identificação exclusiva com o eu existencial, como entidade independente, não faz sentido, tendo em vista estados de consciência que transcendem as limitações comuns de tempo/espaço e operam numa realidade mais bem descrita na linguagem da física subatômica."

FRANCES VAUGHAN, *The Inward Arc.*

FALA-SE MUITO EM FÍSICA QUÂNTICA, mas, na realidade, além da denominação, fora os especialistas, poucas pessoas têm a mínima idéia do que seja esta parte fascinante da Física, como se desenvolveu e quais foram os diferentes físicos responsáveis pelo seu desenvolvimento.

Não tenho a pretensão de escrever um capítulo completo a respeito da Física Quântica. Mas acredito que pelo menos uma razoável idéia, eu posso dar ao leitor a respeito do assunto em questão.

COMO COMEÇOU

Um corpo qualquer, quando energizado, absorve parte da energia e devolve o restante.

Em 1900, dois físicos teóricos ingleses, Lord Rayleigh e Jeans, dedicaram-se ao estudo das radiações de um "CORPO NEGRO".

Um corpo negro, diferentemente dos demais, recebe a radiação, absorve-a completamente e depois a devolve. Um dos problemas, apresentados aos físicos, seria a forma pela qual a energia é assumida pelo corpo negro. Pode-se demonstrar como a energia é distribuída pelas várias freqüências, (o espectro, como os físicos costumam chamar). Este espectro, de acordo com os princípios da Termodinâmica, depende da temperatura. Os dois cientistas chegaram a um resultado desastroso: As vibrações de alta freqüência eram tão mais favorecidas o que necessitariam de uma energia infinita.

O resultado de tal experiência foi chamado de "CATÁSTROFE ULTRAVIOLETA" (isto porque os raios de maior freqüência pertencem à luz ultravioleta).

Um ano mais tarde, o físico MAX PLANCK suspeitou que a radiação era absorvida e devolvida, não de forma contínua, mas sob a forma de molhes, conjunto de átomos que foram chamados de "QUANTA", plural da palavra latina, QUANTUM.

Com isto, ficou resolvida a questão e os cálculos matemáticos ficaram concordantes com a realidade.

O que foi dito quer dizer que, na Física Quântica, o contínuo é substituído pelo descontínuo. Descobriu-se que a radiação eletromagnética, oscilando "V" vezes por segundo, é constituída por um número inteiro de conjuntos energéticos, cada qual com o valor, h v, sendo que h é a letra que simboliza a CONSTANTE de PLANCK, cujo valor é igual a 6,63 x 10 elevado à potência menos 34 joules por segundo. O curioso é que a Física Quântica se presta eficazmente, tanto para cálculos no nível atômico, como para cálculos no nível dos QUARKS, partículas subatômicas que chegam a medir 10.000.000 (dez milhões) de vezes menos que os átomos!

Enquanto a Teoria Restrita e a Teoria Geral da Relatividade foram elaboradas por um só homem, Einstein, de maneira rápida, por assim dizer, intuitiva, a Teoria Quântica foi elaborada por uma plêiade de físicos. Começou em 1900 e terminou em 1925.

Ao se entrar no mundo dos quanta deve-se estar preparado para muitas surpresas. Certos fenômenos bem estranhos nos esperam. O pesquisador deve estar preparado para muitos paradoxos (coisas estranhas que não cabem na lógica e no entendimento comuns).

Voltando ao passado, no século XIX, Thomas Young, demonstrou a natureza ondulatória da luz.

Faraday mostrou a relação entre a eletricidade e o magnetismo, experimentalmente.

Maxwell, no início deste século, revelou a natureza corpuscular da luz. Como uma coisa pode ser, ao mesmo tempo, onda e partícula?

Foi somente no ano de 1928 que Dirac, físico francês, resolveu o problema criando a TEORIA DO CAMPO QUÂNTICO, que conseguiu abordar onda e partícula sem problemas com paradoxos. Na Física Clássica (anterior às Teorias da Relatividade e Quântica), era possível determinar a posição e o momento de um elétron. Na Física Quântica, somente é possível saber uma coisa ou outra, isto segundo o PRINCÍPIO DA INDETERMINAÇÃO de HEISEMBERG.

Voltando à Teoria do Campo Quântico, quero dizer que ele apresenta o singular comportamento de: se interrogado sob o ponto de vista das partículas, dará uma resposta com partículas. Se interrogado sob o ponto de vista eletromagnético, dará uma resposta como ondas. "É como se alguém tivesse estabelecido ser inconcebível um mamífero pôr ovos e, de repente, encontrasse um ornitorrinco" (J.C. Polkinchorne, ex-professor de Matemática Aplicada e de Física Teórica da Universidade de Cambridge).

Segundo Erwin Schorodger, um dos criadores da Teoria Quântica, é impossível separar o "Observado" do "Observador".

Se fôssemos exemplificar várias experiências supercuriosas levadas a efeito pelos físicos na área da "Física Quântica", extrapolaríamos de muito a nossa intenção ao começarmos este capítulo. Quero apenas comentar uma experiência muito interessante feita por Feimann, em 1945. O referido físico verificou que um elétron pode passar ao mesmo tempo por dois furos diferentes de um écran, especulações interessantíssimas a respeito do "gato de Schrodinger", etc. Na bibliografia referente a este tipo de física, o leitor poderá consultar obras específicas para se inteirar melhor do assunto.

Capítulo 18

STANISLAV GROF, M.D. — A MENTE HOLOTRÓPICA

"Toda verdade passa por três estágios:
Primeiro, é ridicularizada.
Segundo, enfrenta uma violenta oposição.
Finalmente é aceita como evidente."

ARTHUR SCHOPENHAUER

NOS FINS DA DÉCADA DOS anos 40, Stanislav Grof, em Praga, Checoslováquia, depois de ler o livro, *Lições Introdutórias de Psicanálise*, de Sigmund Freud, impressionou-se a tal ponto, que decidiu estudar Medicina para ser psiquiatra.

Ainda no curso de Medicina, envolveu-se com a Associação Internacional de Psicanálise, departamento de Praga. Mais tarde, submeteu-se à análise didática, sob a direção do presidente da Associação Checoslovaca de Psicanálise.

Ao adentrar-se na técnica psicanalítica, sofreu várias desilusões. De um lado, muita explicação teórica, do outro, poucos resultados práticos, por um longo espaço de tempo.

No departamento onde trabalhava, chegou, enviado por um laboratório Suíço (Sandoz) um pacote da dietilamida do ácido lisérgico, sendo que o mesmo pacote foi enviado para vários laboratórios do mundo inteiro, a fim de que os pesquisadores verificassem se haveria alguma possibilidade de aplicação psiquiátrica da dita substância.

Foi inicialmente com esta droga e mais tarde com a respiração holotrópica que o autor chegou a construir uma nova cartografia para a mente humana. Trabalhou durante trinta e cinco anos e escreveu alguns livros, decorrentes de mais de vinte mil sessões, entre psicodélicas (com droga) e holotrópicas (sem droga).

Mudando-se para os EUA, Stanislav Grof chegou a ser chefe de pesquisas psiquiátricas no Maryland Psychiatric Research Center e professor-assistente de psiquiatria na Johns Hopkins University of

Medicine. Foi ainda presidente-fundador da International Transpersonal Association, além de dirigir *Workshops* em quase todo o mundo.

Stanislav Grof colabora nos conselhos editoriais das revistas *Revision e Journal of Transpersonal Psycology*. Autor de vários livros, entre os quais, *A Tempestuosa Busca de Si Mesmo*, *Emergência Espiritual*, a *Aventura da Auto-Descoberta*, *Além do Cérebro* e a *Mente Holotrópica*.

No seu último livro, Stanislav Grof, depois de citar a revolução coperniana, isto é, que a terra é que gira em torno do sol e não o contrário, como se pensava antes. Depois de comentar as drásticas mudanças no modo de pensar científico, no começo do século XX, devido a Teoria da Relatividade e a Física Quântica. Depois de mencionar que o astrônomo inglês, James Jeans, disse há vários anos atrás, que o "Universo do físico moderno se parece mais com um grande pensamento do que com uma grande máquina".

Tendo analisado teórica e praticamente o processo holográfico, Stanislav nos confessa: "Havendo começado esta pesquisa como materialista e ateísta convicto, tive que admitir o fato de que a dimensão espiritual é uma chave-mestra para a psique humana e para o esquema universal dos acontecimentos. Percebi, de maneira profunda, que tomando conhecimento desta dimensão de nossas vidas, e aplicando-a, tornou-se uma parte essencial e desejável da nossa existência, inclusive podendo ser um fator crítico". E, continuando: "O estudo dos estados incomuns de consciência ensinaram-me uma importante lição — o reconhecimento de que muito do que os psiquiatras consideram bizarro ou patológico é, na realidade, manifestação da dinâmica profunda da psique humana, em muitos casos, a emergência desses elementos na consciência pode ser o esforço que o organismo faz para liberar-se dos laços de várias marcas e limitações traumáticas, a fim de curar-se e conseguir funcionar mais harmonicamente."

Stanislav e sua esposa Cristina desenvolveram a "RESPIRAÇÃO HOLOTRÓPICA". Combinaram respiração, música evocativa, trabalho corporal e expressão artística.

Como já dissemos, o material apresentado pelo autor corresponde a mais de vinte mil sessões psicodélicas e milhares de sessões com respiração holotrópica, em diferentes partes do mundo e com pessoas de diferentes formações: Pessoas comuns, professores universitários, antropólogos, parapsicólogos, psiquiatras, tanatologistas (pessoas que estudam o ato de morrer), médiuns, xamãs (feiticeiros de tribos indígenas) e várias outras profissões.

Sabemos que a psicanálise atinge apenas a biografia humana (pós-natal). Com as técnicas desenvolvidas pelo autor em questão, além de vivências biográficas, atingem-se vivências perinatais (durante e nas proximidades do parto) e vivências transpessoais (que vão além do espaço e do tempo). Quando as pessoas atingem um estado incomum (alterado) de consciência, passam a ter "um radar interno" (expressão de Grof) que busca exatamente as vivências mais traumáticas sofridas pelo paciente.

Situações de humilhação, dores físicas, estados de perigo de sobrevivência, tudo isto vem à mente no estado alterado de consciência. As pessoas revivem os traumas e têm uma catarse (limpeza) que vem quase sempre acompanhada de emoções intensas.

Nos estágios iniciais de suas experiências, Stanislav achava que apenas os materiais contidos no "Inconsciente Pessoal" dos seus pacientes eram passíveis de emergirem à luz da consciência.

Com o tempo, Grof descobriu que as raízes do sistema Coex (veja a seguir) eram muito mais profundas. Cada Coex parece estar ligado a um estado especial do nascimento. Além de atingir a parte perinatal, o sistema Coex pode se aprofundar ainda mais. Pode demonstrar vivências pré-natais além de arquétipos do Inconsciente Coletivo (Jung). O Coex pode atingir vivências transpessoais. Ainda, o paciente pode se identificar com pessoas da antigüidade, animais, etc. Um sistema Coex é formado por acontecimentos que ligam vivências traumáticas afins. Ou seja, vivências ligadas a dores físicas, traumas morais, perdas, etc.

Os fenômenos perinatais ocorrem em quatro diferentes padrões que foram chamados por Grof de MATRIZES PERINATAIS BÁSICAS, MPBS. Cada uma das matrizes perinatais é relacionada com uma fase do parto biológico. Em cada uma das fases, o feto passa por experiências bem diferentes e de cargas emocionais diferenciadas.

Na MPB I, chamada de "UNIVERSO AMNIÓTICO" (refere-se à presença do feto no líquido amniótico no qual ele está mergulhado no útero, isto é, sua experiência uterina antes do parto).

A segunda fase é a MPB II, "DEVORAÇÃO CÓSMICA SEM SAÍDA". Esta experiência é vivida pelo feto na primeira fase do parto, o período de dilatação na qual, enquanto o útero se contrái violentamente, o colo do mesmo ainda não apresenta diâmetro com abertura suficiente para a saída do feto (Este período tem a duração de várias horas).

A terceira fase é a MPB III: "LUTA, MORTE E RENASCIMENTO". Corresponde ao período de expulsão. A saída do feto através do canal do parto, o qual é estreito e faz com que os ossos da cabeça do mesmo se encavalem.

A quarta e última matriz perinatal, MPB IV, "MORTE E RENASCIMENTO", refere-se à experiência na qual o bebê, realmente, sai do corpo da parturiente. O importante é que cada matriz apresenta seus próprios aspectos específicos: Biológicos, psicológicos, arquetípicos e espirituais.

MPB I: Esta matriz ocorre no período anterior ao parto, isto é, no período de gestação. Acredito que a medicina oficial está completamente errada com relação à época na qual o feto começa a perceber o que se passa ao seu redor. Existe uma simbiose intensa entre mãe e filho. Existem pelo menos cinco técnicas diferentes — todas discutidas brevemente neste livro — segundo as quais é possível, com absoluta certeza, provar que o feto pode perceber várias ocorrências no corpo da mãe: Sofre quando ela fuma, sofre quando a gestante bebe álcool ou qualquer tipo de alimentação tóxica. O feto sofre também quando a gestante passa por crises de raiva, medo, ansiedade, humilhações, etc.

Do mesmo modo que existem o "seio bom" e o "seio mau"; existem o "útero bom" e o "útero mau".

Tenho certeza de que toda percepção da mãe é registrada no feto! Tive um caso (usando a Dianética, descrita noutro capítulo deste livro) no qual um rapaz foi capaz de identificar com precisão o local onde a mãe se encontrava quando houve a primeira contração uterina.

Os pais estavam assistindo a uma sessão de cinema e o paciente foi capaz de citar trechos do filme que os pais assistiam, de como estava cortado o cabelo da atriz. Ao saírem do cinema, o rapaz descreveu o táxi que os pais pegaram, a chegada em casa, depois a saída da casa para o hospital, a intervenção de cesariana a que a mãe foi submetida.

Devido a este caso e a vários outros casos que foram confirmados posteriormente com os pais, pude ver que de certo modo a mente do feto está conectada à mente da mãe. O problema é fazer tais conhecimentos virem à tona. Se a gravação é celular, holográfica, espiritual, ou seja lá o que for, eu não sei dizer. Mas depois de dezenas de anos de prática, com os mais diversos tipos de Regressões, eu posso afirmar que tudo o que se passa com a gestante fica registrado no feto.

Voltando agora a um caso citado por Stasnislav Grof, cujo paciente era um psiquiatra de trinta e poucos anos:

"Auxiliado pelo terapeuta e uma enfermeira diplomada, o médico foi dirigido a um nível alterado de consciência, moveu-se vagarosamente num profundo mundo que existia nos mais profundos recessos da sua consciência... Tornou-se impaciente, convencido de que nada estava acontecendo, mas preocupado, imaginando ter sido infectado pelo vírus da gripe. Pensou que talvez estivesse escolhido a hora errada para a experiência, pois parecia-lhe que ia adoecer. Decidiu, então, fechar os olhos e observar cuidadosamente o que estava acontecendo."

"Assim que fechou os olhos, sentiu-se movendo num nível de consciência totalmente diferente e muito mais profundo, um nível inteiramente novo para ele. Teve a estranha sensação de que seu corpo diminuíra e que a cabeça era consideravelmente maior que o resto do corpo. Percebeu, então, que aquilo que antes pareceu-lhe um começo de gripe, tornou-se todo, *complexo de agressões tóxicas que lhe eram dirigidas, não como a um adulto, mas como a um feto. Sentiu-se suspenso dentro de um líquido contendo algumas substâncias perigosas que, através do cordão umbilical, penetrava-lhe (na corrente sangüínea) e dos quais estava certo serem nocivos e hostis.*

Experimentava um gosto desagradável de substâncias apresentando uma estranha combinação de iodo e sangue, ou de um caldo choco e fermentado. À medida que isto acontecia, sua parte adulta — parte com treinamento médico — e orgulhosa da sua disciplina na perspectiva científica, estudava o fato de uma distância objetiva... "após um período de consideráveis lutas, ele abandonou o pensamento analítico e aceitou tudo o que estava acontecendo. Os sintomas de gripe e de indigestão desapareceram. Parecia-lhe agora que ele estava conectando-se com as memórias de um período sereno de sua vida intra-uterina" (a mente Holotrópica, Stanislav Grof).

MATRIZ MPB II — Nesta matriz, o feto sente-se vivenciando, inicialmente, mudanças químicas e logo a seguir, mudanças mecânicas, contrações uterinas. Mas como a "boca" do útero não tem ainda diâmetro suficiente para a saída do feto, a situação é dramática. O útero, que era pacífico durante a gravidez, começa a apresentar contrações rítmicas. Há pressões, opressões e o feto é comprimido. Cada contração comprime a artéria uterina e interfere no fluxo de sangue entre mãe e filho.

O ambiente é doloroso e ameaçador para a vida. A morte e o nascimento estão intrinsecamente relacionados.

Os acontecimentos biológicos não são os únicos desta fase. Na sessão de terapia, os fetos, se identificando com as mães inexperientes, demonstram sentir medo, ansiedade e confusão. Nesta fase, para quem revive o parto, há uma sensação de ameaça vital. Num caso recente, tive que fazer respiração artificial numa paciente que reviveu o parto no qual o cordão umbilical ficou enrolado no pescoço do feto. Ela entrou em anóxia, ficando completamente roxa. Em certos casos os nasciturnos podem sentir-se intoxicados, devido a mudanças químicas.

O paciente pode sentir, simultaneamente, sensações de venenos, radiações eletromagnéticas, "forças maléficas", "influências Extraterrestres", funcionando como estados paranóicos.

Nesta fase, a pessoa pode se "sentir tragada por um imenso sorvedouro, pode se sentir devorada por um monstro". A pessoa pode ter sensações apocalípticas. "Quando a cérvice se abre e a cabeça desce pela pelve, existem mudanças mecânicas e psicológicas, é como se o feto passasse do inferno para o purgatório".

Ainda citando Stanislav Grof:

MPB III — A luta Morte — Renascimento.

"Ainda que ele não tenha visto de maneira clara, o canal do parto sentia uma pressão esmagadora na cabeça, e sabia de cada célula do corpo, que estava envolvido no processo do nascimento. A tensão atingia dimensões que ele não havia imaginado serem humanamente possíveis.

Passa-se pela mente, em seguida, a imagem de Charles Chaplin sendo vitimado pela tecnologia moderna no filme "Tempos Modernos". Havia nele uma incomum mistura de sentimentos: estava sufocado, amedrontado, abalado, mas também ficava sexualmente excitado. Além de se sentir um bebê, sentia-se fortemente identificado com a mãe. Estava ligado a algo primordial, um antigo ARQUÉTIPO FEMININO. Como outras matrizes, a MPB III tem seu próprio simbolismo que inclui temas seculares, mitológicos e espirituais. ...Aí, apresenta-se também o titânico, o agressivo, o sadomasoquista, o sexual, o demoníaco e o escatológico (ligado a excrementos).

MPB IV — Estende-se desde a saída do canal do parto até o término completo do parto. Tudo o que resta entre a criança e a mãe é o cordão umbilical, com o corte deste rompe-se o elo biológico — a unidade com o organismo materno. Ao perder o contato fisiológico com a mãe, tudo muda de repente. Não existe mais a proteção certa do constante calor uterino. A temperatura muda bruscamente. Não mais existe a proteção e a sustentação do líquido amniótico. Existe muita luz. Uma orgia de sons. Com o nascimento, vem a crucial necessidade de respirar com os próprios pulmões e a necessidade de digerir os alimentos com o próprio aparelho digestivo. Num dos inúmeros casos que monitorei, um espanhol sentiu-se nascer com apresentação pélvica (de nádegas). Curioso, escreveu para parentes médicos na cidade onde nascera na Espanha e pediu uma transcrição da ficha clínica do seu nascimento. Tudo ocorreu como ele havia sentido e descrito!

Segundo Grof, "Muitas pessoas, que experienciam a transcendência do tempo linear, voltam no tempo para épocas muito anteriores a suas próprias vidas, ligando-se a memórias ancestrais providas pelo banco de memórias do INCONSCIENTE COLETIVO, este vasto mar de conhecimentos que dividimos com toda a humanidade desde o início dos tempos. Tais experiências de viverem pessoas de biografias e de países diferentes são freqüentemente associadas a uma viva sensação de lembrança da estória espiritual e/ou biológica do experienciador. Podemos então falar de lembranças de vidas passadas ou vida cármica".

Para finalizar este capítulo, gostaria de mencionar que no seu livro, *Além do cérebro* Stanislav Grof relata os trabalhos de Lloyd de Mauser, jornalista, psicanalista e primeiro proponente da PSICO-HISTÓRIA. O referido pesquisador analisa vários discursos políticos e várias declarações de guerra e notou que nestes pronunciamentos existem muitas alusões ao trauma de nascimento.

Grof relata: "Os resultados dos estudos de Mauser, sobre várias crises históricas, sugerem que líderes políticos e militares, ao invés de fortes figuras edipianas, parecem funcionar como 'coletores de lixo' para sentimentos reprimidos de nações inteiras". Tais resultados apresentam canais saciados socialmente para a progressão e o desenvolvimento de emoções que não podem ser mantidas sob catálise de sistemas usuais de defesas intrapsíquicas.

De acordo com Mauser, na psicologia de grandes grupos, a psique regressa a modelos arcaicos de relacionamento, característica de estados pré-verbais da infância. E continua: "Analisando o material histórico de épocas que precedem o início de guerras e revoluções, Mauser ficou aturdido por uma abundância extraordinária de imagens e figuras de palavras relacionadas com o nascimento biológico. Ao declararem guerra, os políticos se referem tipicamente a ESTRANGULAMENTO, SUFOCAÇÃO, NECESSIDADE DE ESPAÇO LIVRE PARA RESPIRAR E SENSAÇÃO DE SER ESMAGADO PELO INIMIGO (Relacionadas ao MPB III)".

O avião que carregou a bomba atômica tinha o apelido da mãe do piloto. Na própria bomba estava escrito: "The little boy" (o garotinho) e as palavras código passadas a Washington, depois da detonação da bomba, com sucesso, foi "the baby was born" (o bebê nasceu). Muitas referências a estrangulamento e pressões aparecem em discursos que precedem a guerras, não durante situações que envolvem um cerco verdadeiro. O fato das massas reagirem emocionalmente a discursos deste tipo, incapaz de perceberem a sua irracionalidade e absurdo é evidente. Trai a existência de um ponto cego universalmente presente e a vulnerabilidade da massa à dinâmica perinatal. Nas guerras e revoluções as nações desenvolvem um fator de nascimento.

Capítulo 19

CONCLUSÕES

"A verdade é como a água, adapta-se ao vaso que a contém."

PROVÉRBIO INDIANO

EMBORA EU NÃO SEJA UM político mineiro, que, segundo o folclore, costuma dizer: "Não sou contra nem a favor, aliás, pelo contrário". Não sendo um político do PFL, que também, segundo o folclore, está sempre "em cima do muro", eu digo cofiantemente, que, segundo a consciência do nível do Ser, que considera que a reencarnação existe e, ao mesmo tempo, não existe. Como é que uma coisa pode existir e não existir ao mesmo tempo?

Seria, analogamente, igual a uma partícula intra-atômica que, segundo a Teoria Quântica, existe ao mesmo tempo, como partícula e como onda, segundo o modo pelo qual é estudada?

Seria, porventura, o fato de eu ser uma mescla de descendente da raça negra e da caucasiana, e que nos gens mais recônditos dos meus cromossomas ainda ressoam os tambores vibrantes da velha África em total harmonia com as melodiosas notas dos violinos tocadas nos salões aristocráticos da velha burguesia européia?

Acredito que não. O assunto é bem mais complexo!

Vejamos: Segundo Ken Wilber, a consciência pode se identificar com a PERSONA, isto é, a parte da Personalidade, da qual somos, habitualmente conscientes.

Mas utilizando-se de técnicas especiais, conseguiremos nos conscientizar de conteúdos oriundos da SOMBRA, instância, que, como vimos, está carregada de impulsos indesejáveis.

Uma vez conseguida esta união, entre a Sombra e a Persona, teremos um Ego em sua total integridade. E é claro, que este

Ego integralizado terá uma consciência bem mais ampla que a da Persona. Uma vez ampliando-se a consciência, o próprio mundo ao redor fica ampliado. Usando-se um termo habitual em Neurolingüística, ampliando-se o "MAPA", é forçoso que se amplie também a parte do TERRITÓRIO, do qual o referido mapa é um indicativo.

Por outro lado, e ainda seguindo as pegadas de Wilber, a consciência pode focalizar-se no Ego, em detrimento do CORPO, deixando este alienado. Aí então, depois de exercícios especializados, o Ego ao invés de sentir-se como "um cavaleiro cavalgando o próprio corpo", sentir-se-á identificado ao mesmo, configurando, assim, a imagem do "CENTAURO" (misto de homem e cavalo), ficando assim superada a cisão entre psique e corpo. Já estudamos noutra parte deste trabalho, as práticas terapêuticas indicadas para tal meta.

"A associação dessas abordagens com o nível existencial significa que após estabelecer a unidade de Ego, estendem a continuidade do processo integrativo até o ponto em que a identidade percebida coincida com o organismo inteiro" (*A Psicologia Transpessoal*, Márcia Talbone, Editora Cultrix, 1993, pág. 85).

Como vimos, quando o nível TRANSPESSOAL é atingido, a consciência transcendente os limites do corpo e aí então, ocorrem os fenômenos paranormais. É claro que a visão de um PARANORMAL é bem mais ampla que de um "NORMAL".

Se a consciência focaliza-se no nível da Mente, então todos os obstáculos ficam superados. A consciência transcende o ESPAÇO e o TEMPO. Identifica-se com o Absoluto.

Além das considerações elaboradas por Wilber, quero ainda ratificar o meu ponto de vista com uma psicologia de vanguarda, que, infelizmente, ainda não chegou ao Brasil. Quero ainda abonar o meu ponto de vista, levando em consideração, diversas Religiões e Filosofias Orientais.

Numa linguagem metafórica, eu pretendo unificar a FÍSICA de PONTA com AS PSICOLOGIAS DE PONTA e com os antigos e sábios SISTEMAS RELIGIOSOS ORIENTAIS.

Ainda numa linguagem figurativa, o que eu quero é colocar a ESSÊNCIA da Física MODERNA num liqüidificador e daí tirar um extrato. Pegar a ESSÊNCIA das Psicologias de PONTA (A psicologia Transpessoal, principalmente). Pegar a ESSÊNCIA das Religiões Orientais. Colocar as três ESSÊNCIAS num liqüidificador imaginário e deixar bater bastante. Pegar depois o produto resultante, que será a Essência das Essências e fazer de tudo uma unidade que seria um equivalente moderno da antiga *phisis* dos gregos.

Tive a oportunidade de trocar impressões com um autor americano, num Congresso Internacional de Psicoterapias Alternativas, já mencionado. Dito autor criou uma nova Psicologia, baseada nos trabalhos de Ron Hubbard, o idealizador da Dianética e da Cientologia. O referido autor, o dr. Gebord teve oportunidade de usar simultaneamente, isto é, durante o dia as Psicoterapias em voga nos EUA e, durante a noite, a DIANÉTICA. O dr. Gebord chegou à conclusão que as técnicas da Dianética eram mais eficazes, mais consistentes, melhor elaboradas, porém pelo fato do autor (Hubbard) ser físico atômico e não psiquiatra e também, por não levar em consideração pesquisas recentes das terapias convencionais, o dr. Gebord resolveu criar uma terapia a qual foi denominada METAPSICOLOGIA e que fez a junção entre a Dianética, a Cientologia e Psicoterapias usuais mais avançadas.

Desenvolveu suas idéias no livro *Beyound Psychology*. (*Além da Psicologia*). Na minha explanação, não usarei a terminologia do referido autor porque existem vocábulos não coincidentes com os significados habitualmente dados aos mesmos e, para completa elucidação, seriam necessárias dezenas e dezenas de páginas que fugiriam ao escopo deste livro. Usarei um resumo do resumo, do resumo, mesmo assim utilizando-me de metáforas que, espero, possam tornar o assunto digerível.

Como todos sabemos, existem o "eu" e o "mundo". Segundo o modo de pensar do autor em questão (e também de muitas filosofias orientais), o Eu não é algo sólido, estável, constante, plenamente determinado. É, antes, um feixe de condicionamentos familiares, socioculturais, religiosos, etc. Nesta psicologia, o Eu é, antes, uma identificação. Por exemplo:

No momento, estou desempenhando a função de um terapeuta, isto é, estou me identificando como um terapeuta. Como o "mundo" da pessoa varia com a identificação, o mundo do terapeuta é constituído de pessoas depressivas, ansiosas, fóbicas, angustiadas, etc.

Suponhamos que eu desça na garagem do prédio, onde fica o consultório, e entre no meu carro. Neste exato momento eu já me identifico com um motorista e o mundo do motorista é constituído de embreagem, freio, acelerador, volante, postes, árvores, ônibus, automóveis, etc.

Como perceberam ao mudar a minha identificação, automaticamente, mudou o meu Universo. Suponhamos que eu seja uma pessoa dessas que gostam de cozinhar. Ao chegar em casa, vou para a cozinha e me identifico com um cozinheiro. No mesmo momento, o meu mundo se converteu em fogão, panelas, óleo, arroz, etc. Com a nova identificação, fico rodeado por um novo mundo. Os três exemplos citados valem para tudo o mais.

Posso ter identificações restritas. Então sou um depressivo. Posso, sob determinadas circunstâncias (meditação, por exemplo), identificar-me com o próprio Universo. Neste caso a minha consciência fica expandida e a minha percepção torna-se drasticamente mais ampla que a anterior. Entre o primeiro e o segundo estado de consciência existe uma infinidade de variações com as quais a minha consciência pode se identificar.

Consideremos agora as religiões-filosofias orientais:

Segundo as filosofias orientais, o Homem possui sete corpos, cada um vivendo numa determinada dimensão e constituído de um determinado tipo de "matéria" que, como sabemos, pela física moderna, matéria não passa de energia condensada. Cada corpo vive numa determinada freqüência vibratória.

Vamos dar, a seguir, algumas das principais religiões, quais sejam, TEOSÓFICA (é uma filosofia e não uma religião), BUDISMO ESOTÉRICO, HEBRAICA, EGÍPCIA FARAÔNICA, ROSACRUCIANA (Sistema iniciático) VEDANTINA, RAJA YOGUE, GREGA, ESPÍRITA e CATÓLICA. Pelo esquema a seguir poderemos notar os nomes originais que cada religião (ou filosofia) dá aos distintos corpos do Homem:

O esquema a seguir foi elaborado por Caio Miranda, no seu livro: *A libertação pelo Yoga.*

OS CORPOS DO HOMEM

TEOSÓFICA		BUDISMO ESOTÉRICO
tríade superior	Corpo Causal Átmico Búddhico Mental Abstrato	Antimam Buddi Manas Arupa
Quaternário inferior	Kamamanas Mental Concreto Astral	Manas Rupa Kama Shária Linga Shária
	Corpo físico Etérico ou Vital Físico (denso)	Sthula Shárira

HEBRAICA	EGÍPCIA FARAÔNICA	ROSA CRUCIANA	VEDANTINA
Yechida Shayah Nechamah	Atmú Putah Sab	Espírito Divino Espírito de Vida Espírito Humano	Ātmam Ananda Maya Kosha
Ruach Nephesch	Akbú Khabá	Mente Corpo de Desejos	Vijnana Maya Kosha
Kusch Ha Guf	Bah Kha	Corpo Vital Corpo Denso	Manas maya Kosha Kama maya Kosha
Guf			Prana maya Kosha Ana maya Kosha

Raja Yogue	GREGA	ESPÍRITA	CATÓLICA
Kusch Upādhi	Nous	Espírito	Alma
Suckshuma Upādhi	Psiche	Perispírito	
Stuia Upādhi	Soma	Corpo	Corpo

A seguir e somente como exemplo, explicitaremos os planos e os corpos correspondentes, segundo a Teosofia:

<table>
<tr><td>PLANOS</td><td colspan="4"></td></tr>
<tr><td>Maha-Para-Nirvânico</td><td colspan="4" rowspan="2">O Homem não participa destes planos
Sua matéria destina-se a seres superiores a nós</td></tr>
<tr><td>Para-Nirvânico</td></tr>
<tr><td>Nirvânico ou Átmico</td><td>Átmico</td><td rowspan="3">Corpo Causal (espírito)</td><td rowspan="3">Tríade superior (individualidade)</td><td rowspan="3">Símbolo iniciático Δ</td></tr>
<tr><td>Búddhico</td><td>Búddhico</td></tr>
<tr><td rowspan="2">Mental</td><td>M. Superior</td></tr>
<tr><td>M. interior</td><td rowspan="2">Corpo psiq. Alma</td><td rowspan="3">Quaternário inferior</td><td rowspan="3">Símbolo iniciático □</td></tr>
<tr><td>Astral</td><td>Astral</td></tr>
<tr><td>Físico</td><td>Fís. etérico
Fís. denso</td><td>Corpo físico</td></tr>
</table>

Segundo esta filosofia, os corpos físico, etérico, astral e mental inferior não se reencarnam. Dissolvem-se depois da morte. O Corpo Causal, constituído pelo Mental superior Búddhico e Átmico (espírito) se reencarnam.

Vejamos agora o seguinte: A eternidade não é, como muita gente pensa, um tempo sem começo e sem fim. É simplesmente ausência de TEMPO (pelo menos como nós o concebemos). Se alguém morre, sai do tempo e vai para a eternidade e se esta pessoa se "REENCARNA", tanto é possível encarnar novamente no futuro como no passado (Veja Gurdjieff e Ouspensky). Lembre-se que para uma dimensão superior, o que era tempo, passa a ser espaço. E, numa estrada, eu posso entrar tanto no Km cinqüenta (digamos, ano 1900) como no Km cem; digamos, ano 1970). Aliás, para o sistema do "QUARTO CAMINHO" (Gurdjieff e Ouspensky, não existe reencarnação, no sentido habitual da palavra e sim, RECORRÊNCIA (Os eventos se repetem indefinidamente).

Para que haja REENCARNAÇÃO, é imprescindível que haja "tempo". Assim sendo, encarnar seria entrar no tempo, desencarnar (ou morrer) seria sair do tempo. Lembre-se que pela relatividade, não existe um tempo absoluto, todos os tempos são relativos ao móvel ou à pessoa considerada.

Para a parte do nosso SER que é UMA PARTÍCULA do Próprio DEUS, não há tempo e, por conseguinte, não pode haver REENCARNAÇÃO. É uma questão da mais pura lógica. Como o TEMPO E O ESPAÇO (segundo KANT) são categorias da nossa mente e segundo a física moderna, o tempo e o espaço são criações da própria mente. O mundo em que vivemos encarnados é simplesmente MAYA (ilusão).

Ora, se existem vários níveis de SER e se para alguns (como nós na nossa consciência habitual, para a qual o tempo é imprescindível) a reencarnação existe e para SERES superiores a nós que vivem além do tempo e do espaço, a reencarnação não existe. Como tudo é relativo e, felizmente, na nossa constituição existe algo que é afim com DEUS (e para o qual não existe tempo), podemos dizer, repetindo que tudo é relativo. A Reencarnação existe. A Reencarnação não existe.

Posteriormente, pretendo desenvolver uma psicologia bastante abrangente chamada, PSICOLOGIA RELATIVISTA, que engloba de uma maneira mais compreensível e de caráter iminentemente prático, o que foi dito suscintamente neste ensaio.

Como demonstrei no capítulo anterior, o aparelho de minha invenção, o DESESTABILIZADOS ESPAÇO-TEMPORAL-SONORO dará a qualquer pesquisador a oportunidade de realizar regressões ultra rápidas e super eficazes.

Para terminar, e respondendo a uma das perguntas que fiz no início do livro, se a evolução do homem está completa ou em andamento, tenho a responder o seguinte:

A evolução Humana está em andamento, se bem que bastante atrasada do que poderia estar. Fatos a considerar: A evolução não é coletiva e sim individual. A medida que o Homem se liberta dos inúmeros condicionamentos que travam a sua espiritualidade, ele evolui. Infelizmente, devido aos sistemas vigentes de ensino da Medicina e da Psicologia que são quase que totalmente materialistas, a evolução Humana vem sendo retardada. Infelizmente, houve grande evolução tecnológica que não foi acompanhada por uma evolução ética, moral. Acredito que a humanidade vive uma fase bastante crucial que tanto poderá levá-la a atingir alturas inimagináveis, como descer a níveis absurdos, senão à própria auto-destruição.

Com este livro, espero ter contribuído, pelo menos de uma forma humilde e despretensiosa, para o bem-estar de pessoas, que, como eu, viviam obcecados com o dilema "SER OU NÃO SER".

REFERÊNCIAS BIBLIOGRÁFICAS

ABRAHAM, Pais — *Sutil é o Senhor.* (Biografia e obra científica da Albert Einstein). Editora Nova Fronteira, Rio de Janeiro, 1982.

ACILDO, Nascimento e outros — *Introdução à Reflexologia*, Sinal 2 Editora, Rio de Janeiro, 1970.

ADOLFO, Clusella Monsalve — *Sofrologia*, Livraria Editora Sulina, 1978.

ALBUQUERQUE, Medeiros — *Hipnotismo*, Editora Conquista, Rio de Janeiro, 1950.

AMBROSE AND NEWBOLD — *A Handbook of Medical Hypnosis* — Bailliére, Tindall and Cox, London, 1956.

ANDRADE, H. G. — *A Teoria Corpuscular do Espírito*, Editora Autor, São Paulo, 1958.

ANDRADE, H.G. — *Espírito, Perispírito e Alma*, Editora Autor, São Paulo, 1983.

ANDRADE, H.G. — *Morte, Renascimento, Evolução*, Editora Pensamento, São Paulo, 1983.

BANDLER, Richard — *Usando sua Mente*, Summus Editorial, São Paulo, 1987.

BARADUC, H. — *L'Ame Humaine.* Georges Carré, Éditeur, Paris, 1896.

BAUGIN, Marcel — *Hypnotisme, Suggestion Telepsiche.* La Difusion Scientifique, Paris, s/d.

BERHEIN — *Hypnotisme et Suggestion.* Octavie Doin Efild — Editeurs, Paris, 1910.

BERNE, Eric — *Beyond Games and Scripts*, First Black at Edition, s/l, 1977.

BERNE, Eric — *Principles of Group Treatment*, Oxford University Press, New York, 1966.

BERNE, Eric — *Transactional Analysis In Psychotherapy*, Editora Santra, Rio de Janeiro, 1978.

BERTHOLD, Stokvis — *Hypnose In Der Arztlichen Praxis*. Basel S. Karger New York. Impresso da Suíça, s/d.

BOTT, Victor — *Medicina Antroposófica* (2 vol.) — Triades Editions, Paris. Assoc. Beneficente Raphael, Juiz de Fora, 1984.

BOYSEN, Gerda — *Cadernos de Psicologia Biodinâmica*, Summus Editorial, São Paulo, 1980.

BOYSEN, Gerda — *Entre o Psique e o Soma*, Summus Editorial, São Paulo, 1980.

BRAMUELL, J.M. — *Hypnotism, Its History, Practice and Theory*, Publication Society, New York, 1903.

BRAVATSKY, Helena, P. — *La Clava de La Teosofia*, Editora Kier, Buenos Aires, 1963.

BRAVATSKY, Helena, P. — *La Doctrina Screta* (5 vol.), Editora Kier S.A. Buenos Aires, 1970.

BRAVATSKY, Helena, P. Isis Sin Velo (4 vol.) — *Biblioteca Orientalista*, Barcelona, Espanha, 1912.

BRAY, Antônio — *Hatha Yoga*, Edições Loyola, São Paulo, 1960.

BRUNTON, Paul — *A Busca do EU Superior*, Editora Pensamento, São Paulo, 1970.

BRUNTON, Paul — *Idéias em Perspectiva*, Editora Pensamento, São Paulo, 1984.

CAPRA, Fijof — *O TAO da Física*, Editora Pensamento, São Paulo, 1986.

CAPRA, Frijof — *O Ponto de Mutação*, Editora Pensamento, São Paulo, 1982.

CAPRA, Frijof — *Sabedoria Incomum*, Editora Cultrix, São Paulo, 1988.

CAYCEDO, A. — *Progressos en Sofrologia*, Editorial Scientia, Barcelona, 1969.

CHARLES, Tart — Radamis e Outros — *Explorações Contemporâneas da Vida Depois da Morte*, Editora Cultrix, São Paulo, 1990.

CHOPRA, Depak — *A Cura QUÂNTICA*, Editora Best Sellers, São Paulo, 1968.

COLILINS Mabel — *O Despertar*, Editora Pensamento, São Paulo, 1966.

CREMA, Roberto — Análise Transacional Centrada na Pessoa ...e Mais Além, Editora Ágora Ltda., São Paulo, 1984.

DOROTHY, E. Babiock — *Pais ok, Filhos ok*, Editora Artenova, Rio de Janeiro, 1977.

DUDINOT, Pierre — *La Medecine et Les Sciences Secrétes*, Editeurs Dangles, Paris, s/d.

DURVILLE, Henri — *A Ciência Secreta*, Editora Pensamento, São Paulo, s/d.

DURVILLE, Henri — *Cours de Magnetisme Perssonel*. Henri Durville Imprimeur — Éditeur, Paris, 1924.

ENCICLOPÉDIA DO OCULTISMO — *As Sombras, Sonhos, Hipnose e Sugestão* (vol. 10), Edições Século Futuro, Rio de Janeiro, 1987.

FELIPPO, Gapozzo — *Einstein*, Editora Três, São Paulo, 1974.

FERTNC, András Volgyesi — *La Hypnosis en nel Hombre y en Los Animales*, Companhia Editorial Continental S.A., México, Espanha, Argentina e Chile, 1969.

FLORENCE, W. Meclain — *Regressões a Vidas Passadas*, Edições Siciliano, São Paulo, 1989.

FREDERICK S. Perls — *Gestalt-Terapia Explicada*, Summus Editorial, São Paulo, 1977.

FREDERICK, S. Perls — *Escarafunchando Fritz*, Summus Editorial, São Paulo, 1969.

FREUD — *A Histeria Obras Completas*, Editora S.A., Rio de Janeiro, s/d.

GAWAIN — *Visualização Criativa*, Editora Pensamento, São Paulo, 1978.

GROF, Stanislav — *A Mente Holotrópica*, Editora Rocco Ltda., Rio de Janeiro, 1992.

GROF, Stanislav — *Além do Cérebro*. McGraw-Hill, São Paulo, 1988.

HABBARD, L. Ron — *Scientology. A History OF MAN*. Bridge Publications, Inc, Los Angeles, 1988.

HILL, Napoleon — *A Lei do Triunfo* (vol. 2), Livraria José Olímpio Editora, Rio de Janeiro, 1982.

HOLLOWAY, William e VÁRIOS OUTROS AUTORES — *Transactional Analysis After*. Eric Berne. Graham Barnes, Editor, s/l, 1977.

HOWARD, Vernon — *O Poder Superior da Mente*, Editora Record, Rio de Janeiro, 1967.

HUBBARD, L. Ron — *Dianética*, Edição própria do Autor, datilografada, 1950.

HUBBARD, L. Ron — *Science of Survival*, Bridg Publications, Inc., Los Angeles, 1981.

HUXLEY, Aldous — *A Filosofia Perene*, Editora Cultrix, São Paulo, 1945.

HUXLEY, Aldous — *As Portas da Percepção. O Céu e o Inferno*, Editora Civilização Brasileira S.A., Rio de Janeiro, 1963.

IMBASSAHY, Carlos — *Hipóteses em Parapsicologia*. Editora Eco, Rio de Janeiro, 1967.

JAMES, Redsfield — *A Profecia Celestina*, Editora Objetiva, 1993.

JAMES, William — *As Variedades da Experiência Religiosa*, Editora Cultrix, São Paulo, 1995.

JAY, Haley — *As Técnicas Psiquiátricas de Milton H. Erickson. Terapia Não Convencional*, Summus Editorial, São Paulo, 1986.

JOHN, Grinder e BANDLER, Richard — *Atravessando*, Summus Editorial, São Paulo, 1981.

JUERGENSON, Friedrich — *Telefone Para o Além*, Editora Civilização Brasileira, S.A., Rio de Janeiro, 1967.

JUNG C.G. — *Transformaciones y Simbolos de la Libido*, Editorial Paidos, Buenos Aires, 1952.

JUNG, C.G. — *La Psicologia de la Tranferencia*, Editorial Paidos, Buenos Aires, s/d.

JUNG, C.G. — *Psicologia y Religion*, Editorial Paidos, Buenos Aires, 1955.

KERTÉSZ, Roberto, DEL CASALE, C.C. KERMAN, J.A. SAVORGNAN, E. VECCHIO — *Análise Transacional*, Livraria Sulina, s/l, 1974.

KLEINE, Milton e Outros — *Hypnosis y Psicologia Dinâmica*, Editorial Psique, Buenos Aires, s/d.

L. Roklin — *Sleep Hypnosis Dreams*. Forein Languages Publishing House, Moscou, s/d.

LAING, R.D. — *O Eu Dividido*, Editora Vozes, Petró-polis, 1969.

LAING, R.D. — *O Eu e os Outros*, Editora Vozes, Petrópolis, 1967.

LEADBEATER, C.W. — *Compêndio de Teosofia*, Editora Pensamento, São Paulo, s/d.

LECRON — *Experimental Hypnosis*, Publishing Company, Inc. Brooklyn, 1952.

LUISE, L. Hay — *Cure o seu Corpo, Espaço Vida e Consciência*. Psicografado por A. Gasparetto, s ed., l, d.

LYRA, Alberto — *Parapsicologia e Insconsciente Coletivo*, Editora Pensamento, São Paulo, 1970.

LYRA, Alberto, Lívio Pincherle, Dirce Barso T. da Silva, Alla M. Gonçalves — *Psicologia dos Estados de Transe*, Summus Editorial, São Paulo, 1985.

MAHARISH, Maheshi Yoghi, Bragavat Gita — *Poema Épico Védico (comentários)*, Editora Best Sellers, São Paulo, 1989. MAY, Rollo — Psicologia Existencial, Editora Globo, Rio de Janeiro, 1969.

MELIEUX, Michel — *Corps a Prodiges*. ClaudeTchou, Editeur, 1977.

Método de Hipnotismo, Editora Pensamento, São Paulo.

MIRANDA, Caio — *A Libertação Pela Yoga*, Livraria Freita Bastos, Rio de Janeiro, 1963.

MONIZ, Egas — *El Abate Faria en la História del Hipnotismo*, Editora Poblet, Buenos Aires, 1960.

MOSS, Thelma — *O Corpo Elétrico*, Editora Cultrix, São Paulo, 1979.

MULFORD, Prentice — *Nossas Forças Mentais*, Editora Pensamento, São Paulo, 1969.

NEIVA, Lauro — *O Psiquiatra e o Invisível*, Revista e Ampliada por Pietro Ubaldi, Editora O Cruzeiro, s/l, 1967.

NICOLL, Maurice — *Comentários Psicológicos sobre las Enseñazas de Gurdjieff y Ouspensky* (vol. 5), Editorial Kier, Buenos Aires, 1964.

Parapsicologia: *Segredo dos Russos (Psyque Discoveries by the Russians)*, Editora Arte Nova, 1973.

PERIS, Maria Júlia Morais Prieto — *Noções Sumárias sobre Terapias Regressivas — Vivências Passadas.* Trabalho apresentado no "Second International Congress on Alternativa Therapies, São Paulo, 1988.

PIERRAKOS, M.D. — *Energética da Essência. "Desenvolvimento da Capacidade de Amar e Curar"*, Editora Pensamento, São Paulo, 1987.

POLKINGHORNE, J.C. — *O Mundo dos Quanta*, Forum da Ciência Publicações Europa-América, s/d.

QUEVEDO, Oscar G. — *As Forças Físicas da Mente*, Edições Loyola, São Paulo, 1971.

RAJNEESH, Bhagwan Shree — *Êxtase: A Linguagem Esquecida*, Editora Global, São Paulo, 1982.

RAJNEESH, Bragwan Shree — *A Arte de Morrer*, Editora Global, São Paulo, 1982.

RAJNEESH, Bragwan Shree — *Meditação Arte do Êxtase*, Editora Cultrix/Pensamento, São Paulo, 1970.

RAMACHARACA — *A Ciência da Cura Psíquica*, Editora Pensamento, São Paulo, 1965.

RAMACHARACA — *Hatha Yoga*. International Universities Press, Inc. New York, 1956.

RAMACHARACA — *Raja Yoga*, Editora Pensamento, São Paulo, 1974.

RAMPA, Losang — *O Eremita*, Editora Record, Rio de Janeiro, 1971.

RAMPA, Losang — *Entre os Monges do Tibete*, Editora Record, Rio de Janeiro, 1960.

RAMPA, Losang — *A Terceira Visão*, Editora Record, Rio de Janeiro, s/d.

RAYMOND, Ruyer — *A Gnose de Princeton*, Editora Cultrix, São Paulo, 1977.

RHODES, H. Raphael — *Curative Hypnosis*, Elek Books Limited, London, 1952.

RIBEIRO, Lair — *O Sucesso não Ocorre por Acaso*, Editora Rosa dos Tempos, Rio de Janeiro, 1992.

RICHET, Charles — *Tratado de Metapsíquica* (2 vol.), Editora Lake, São Paulo, s/d.

ROBBINS, Anthony — *Desperte o Gigante Interior*, Editora Record, Rio de Janeiro, 1993.

ROBBINS, Anthony — *O Poder Sem Limites*, Best Sellers, São Paulo, 1948.

SALTER, Andrew — *What is Hipnosis.* New York, Farrah, Straus and Company, Nova Yorque, 1955.

SCHILDER — *The Nature of Hypnosis*, International University Press, INC, New York, 1956.

SCHNEC, Thomas — *Hypnosis in Modern Medicine.* Charles C. Thomas, Publisher Sprigfiel, Ilinois, EUA, 1953.

SCHULTZ — *O Treinamento Autógeno*, Editora Mestre Jou, São Paulo, 1950.

SHAW, S. Irwin — *Clinical Applications of Hypnosis in Dentistry.* W.B. Saunders Company Philadelphia, London, 1958.

SHEILAOSTRANDER ELYNN SCHROEDER — *Experiências Psíquicas Além da Cortina de Ferro*, Editora Cultrix, São Paulo, 1974.

STEINER, Claude — *Os Papéis que Vivemos na Vida*, Editora Artenova S.A., Rio de Janeiro, 1976.

STEINER, Rudolf — *O Conhecimento Iniciático*, Editora Antroposófica, São Paulo, 1985.

STEVENS, Barry — *Não Apresse o Rio*, Summus Editorial, Rio de Janeiro, 1970.

SWAMI, Sivananda — *Raja Yoga*, Editora Tridente, Itatiaia, 1970.

TALBOTT, Michel — *O Universo Holográfico*, Editora Best Seller, São Paulo, 1991.

TORRES, Arthur da Silva — *Curso Ilustrado de Hipnotismo*, Rio de Janeiro, 1948.

UBALD, Pietro — *Ascenções Humanas* (vol. 3), Edição da Lake, São Paulo, s/d.

UBALD, Pietro — *Profecias*, Fundação Pietro Ubaldi, 1981.

WAMBACH, Helen — *Recordando Vidas Passadas*, Editora Pensamento, São Paulo, 1978.

WEILL, Pierre — *A Neurose do Paraíso Perdido*, Co-Edição Espaço e Tempo/Cepa, Rio de Janeiro, 1987.

WEILL, Pierre — *As Fronteiras da Regressão*, Editora Vozes, Petrópolis, 1982.

WEITZENHOFFER, Andre — *Hypnotism and Objectice Study in Suggestibility*. John Willey and Son, Inc. New York. Chapesan and Hall Limited London, 1953.

WILBER, Ken — A Consciência Sem Fronteiras, Editora Cultrix, São Paulo, 1979.

WILBER, Ken — *O Espectro da Consciência*, Editora Cultrix, São Paulo, 1995.

WILBER, Ken e outros — *O Paradigma Holográfico*, Editora Cultrix, São Paulo, 1982.

WILBER, Ken, Tart, Maslow, Goleman e outros — *Além do Ego*, Editora Cultrix/Pensamento, São Paulo, 1979.

WOLBERG, Leuis R. — *Medical Hypnosis* (vol. 2). Grule and Atratton, Inc., New York, 1945.

BIOGRAFIA

— Fundador e ex-Presidente da Associação Mineira de Hipnose Médica e Odontológica;

— Vice-Presidente do I Congresso Panamericano de Hipnologia (Rio de Janeiro — Brasil);

— Vice-Presidente do I Congresso Brasileiro de Hipnologia (Rio de Janeiro — Brasil);

— Membro Titular do I Congresso Argentino de Sofrologia (Buenos Aires — Argentina);

— Membro Titular do I Congresso Mundial de Sofrologia (Barcelona — Espanha);

— Representante do Brasil no II Congresso Internacional de Psiquiatria em Zurique (Suíça);

— Clinical Member of International Transactional Analysis Association;

— Provisional Teacher Member of International Transactional Analysis;

— Ex-Assistente de Psiquiatria da Faculdade de Medicina da UMG;

— Ex-Professor de Neurofisiologia e Neuroanatomia da Faculdade de Ciências Bio-Psíquicas de São Paulo.

CURSOS EXTRACURRICULARES

— Ex-Professor de Hipnose Médica no Diretório Acadêmico da UMG;

— Ex-Professor convidado de Cursos de Hipnose e Análise Transacional na Faculdade de Medicina da USP (São Paulo);

— Ex-Professor de Hipnose Médica e Odontológica na Associação e no Sindicato dos Odontólogos de São Paulo;

— Ex-Professor de Engenharia da Comunicação (São Paulo);

— Presidente em duas gestões do Instituto Brasileiro de Análise Transacional;

— Foi responsável direto pela formação didática em A.T. de vários Psiquiatras e Psicólogos em São Paulo.

Para contatar o autor, escrever para:

DR. GERALDO DE PAULA BARROS
Rua Itapeva, 518 – Bela Vista – Conj. 910/912
CEP 01332-000 – São Paulo – SP
Tel.: (011) 287-2852

Impresso em off set

BOOK RJ GRÁFICA & EDITORA
Rua Clark, 136 – Moóca
03167-070 – São Paulo – SP
Fones: (011) 6692-7344
6602-2226/6692-8749

com filmes fornecidos pelo editor